가족이라는 이름으로

가족이라는 이름으로

김영원 지음

차례

| 작가의 말 | 세월이 준 선물 ·································· 6 |
| 축하의 글 | 언니의 수필집 출간을 축하하며 ················ 8 |

1부 안단테보다 더 느린 걸음으로

꿈보다 해몽 ·································· 13
가족이라는 이름 ···························· 17
가족 오케스트라단 ························· 22
길 ·· 28
소나기 ·· 32
자, 출발합니다 ······························· 37
느티나무와 살평상 ························· 42
안단테보다 더 느린 걸음으로 ··········· 46
다시 평범한 일상을 그리며 ·············· 50
연리목, 그 사랑의 힘 ······················· 56

2부 봄날의 삽화

고부(姑婦)나무 ······························· 63
잡으시오, 잡으나시오 ····················· 67
봄날의 삽화 ··································· 71
격동의 시기를 기억하며 ·················· 75
늦가을의 소묘 ································ 80
그리운 내 어머니 ··························· 83

	어머니라는 이름의 사전	88
	마음의 소리	91
	남애 할머니와의 대화	96
	스케치	100

3부 쑥스러운 고백

못 말리는 형제들	107
아버지 우리 아버지	112
그리운 날은 다 지나가고	116
그때 신천에서는	118
봉숭아 꽃물 들이는 계절이면	122
쑥스러운 고백	126
고향으로 가는 길	130
바람 부는 날에 만난 고양이	134
피서지에서 생긴 일	138

4부 가곡 「명태」와 녹향음악감상실

가곡 「명태」와 녹향음악감상실	147
음악실이 병원보다 더 낫능기라	153
그리운 노래 「옛날은 가고 없어도」	158
남폿불 역사	163
「추상(Souvenir)」을 추억하다	166
메모리(Memory)	170
천 개의 바람이 되어	175

부록

그대에게 보내는 넋두리	175

▫ 작가의 말 ▫

세월이 준 선물

　세월의 흐름이 순탄치만은 않았다.
　그 채찍에 때론 아파 울기도 했고 때론 주저앉고 싶을 때도 많았다.
　가끔은 주어진 길을 걸으라며 날 놓아 주지 않는 세월이 원망스럽기도 했다.
　하지만, 이제 와서 생각해 보니, 고마운 게 또한 세월이었다. 힘들었던 시간을 이겨내고 모난 징검돌을 건너온 세월 속엔 나름대로 제 몫을 다하는 삼 남매가 내 앞에 있지 않은가. 이제 비로소, 고된 시간을 잘 이겨내는 힘까지도 세월이 내게 준 가슴 뿌듯한 선물이었음을 고백하며 고마워한다.

　글쓰기를 게을리했던 내게 창작지원금 지원사업 선정자가 되었다는 소식은 퍽 당황스러웠다.
　더구나 그때는 55년 동안 내 손을 잡아주던 남편이 손을 놓고 가을 속으로 떠난 지 고작 한 달이 지난 즈음이었다. 머릿속은 마치 뒤섞인 식재료같이, 융합되지 않은 생각들로 서로 부딪히고 있어 어수선하기

이를 데가 없을 때였다.

처음엔 엄두조차 나지 않았으나, 『수필뜨락』 편집주간이자 도서출판 미담길 이자야 대표님의 설득으로 용기를 낼 수 있었다. 책으로 엮기에는 한참 부족한 글이라 덜컥 겁부터 났지만, 모든 부끄러움을 무릅쓰고 엮었다. 정제되지 않은 글에 대한 부끄러움은 지금도 여전하다.

그러나 기쁘다. 이 기쁨을 든든한 지원자였던 남편과 함께 하지 못 하는 게 이루 다 말할 수 없이 가슴 아프다.

'가족이라는 이름은' 역시, 마음이 기억하는 내 안의 언어다.

그동안 부족한 내 글에 날개를 달고 싶어 삽화를 그리느라 애쓴 큰 딸 지은과 둘째 희영, 아들 진형, 또 함께 웃는 우리 가족 모두의 사랑이 어깨를 으쓱하게 만들어 주었고, 내겐 기쁨이며 자랑이었다.

살아오는 동안 물심양면으로 내게 힘을 실어주던 내 동생 김영례, 축하의 글까지 보내 줘서 더 고맙다.

멀리 있어도 마음은 항상 곁을 지켜 주는 내 친구 염경희, 아무 때나 스스럼없이 첨삭을 함께 고민하고 문장을 다듬어 주는 함인수 선생님, 관동대 수필창작반 최남미 선생님. 모두 모두 고맙고 사랑합니다.

2024. 8.

저자 김영원

▫ 축하의 글 ▫

언니의 수필집
『가족이라는 이름으로』 출간을 축하하며

언니,
글 모음, '가족이라는 이름으로'의 출간을 진심으로 축하드려요.
생각해 보니, 난 어릴 때부터 언니를 참 좋아했던 것 같아. 언니가 노래를 부르면 그 노래를 따라 했고, 언니 책상 위에 펴놓은 시집들을 보며 자연스럽게 서정주, 박목월, 김소월, 유치환 등을 알게 됐으니….
그때나 지금이나 강하고 거칠기만 한 내 성격과는 한참 거리가 먼, 제법 낭만적인 나의 취향은 누구를 닮았을까 궁금하기도 했었지.
거기에 더해서, 내 외향과는 전혀 어울리지도 않게 자주 눈물을 흘리기도 하고 또 남의 어려움을 보고는 그냥 지나치지 못해 애달파 하는 나를 볼 때, 그게 모두 내가 닮고 싶어 하던 언니의 성품 덕인 걸 알았다오.
엄마한테는 미안하지만, 부지런함과 강성인 것을 빼고는 언니 영향을 더 받았다고 고백할게요.

굴곡진 삶을 넉넉한 품성으로 넘으며, 지금까지도 음악과 글을 멀리하지 않는 언니를 존경한다오. 그래서 지금까지도 언니를 자랑으로 생각하고 또 언니가 지은 글의 첫 번째 애독자임을 동네방네 밝히며 자랑하고 다니지요.

언니,
우리 아프지 말고 좀 더 오랫동안 서로 보듬으며 알콩달콩 살아 봅시다.
다시 한번 수필집 출간을 진심으로 축하하오.

2024. 8.

동생 김영례

1부

안단테보다
더
느린
걸음으로

그날
장미 축제장의
노인 피아니스트처럼
내가 거리연주를
자신 있게 할 수 있는 훗날도
함께 기대해 본다.
"당신 멋져요, 부럽소."

꿈보다 해몽

난생처음 꿈같은 꿈을 꾸었다.

내가 누운 채 배변을 하고 그 오물을 엉덩이 밑에 깔고 뭉갠 채 그냥 누워 있는 꿈이다. 거기다가 돌아가신 아버지가 잘했다는 듯이 내 어깨를 토닥여 주는 꿈이다. 말로만 들었던 오물 꿈과 조상 꿈을 함께 꾼 것이다. 얼른 인터넷 꿈풀이를 검색했다. 재물 운이 있단다.

'어찌 이런 일이 내게?'

복권 생각이 섬광처럼 번뜩인다. 꿈풀이의 재물 운을 기대하며 일단 오천 원으로 로또복권을 샀다. 실없는 웃음이 입에서 떠나지를 않고 복권이 든 가방이 돈방석만 같다. 서랍 속에 고이 모셔 놓고 당첨 날을 기다리기로 했다.

살면서 로또복권을 사 보기는 이번이 두 번째다. 로또가 처음 나왔을 때, 모두 들썩이는 옆에서 호기심에 샀다가 꽝을 맛본 이후 처음이다.

사실 나는 1등 당첨금이 얼마인지 조차도 모르면서 꿈풀이를 본 후 기댓값만 높다.

그런데 바로 다음 날, 재물 운이라는 길몽은 전혀 엉뚱한 곳에서 터졌다. 가족들이 오랫동안 고심했던 금전 문제가 의외로 쉽게 풀리더니, 이날 문제의 돈이 입금되었다. 잘된 일이라며 우리 부부와 애들 모두 좋아했지만, 내 마음 한편에선 서운함이 자꾸 꿈틀거렸다.

'그 꿈이 그거였어?' '그러면 그렇지. 내게 무슨 복권 당첨의 행운이 있겠어.' 라며 혼자 중얼거렸다. 오물을 깔고 누운 재물 운수치고는 액수가 좀 얄팍한 것 같아 내심 실망스러웠다.

내 기대치가 신데렐라의 호박 마차 정도까지는 아니지만 어쩐지 못내 아쉬웠다. 당첨 확인을 기다리느라 쥐고 있던 복권을 다시 서랍 속에 아무렇게나 밀어 넣었다. 탈락을 미리 알고 싶지 않았기 때문이다.

그리고 며칠 후, 재미 삼아 큰딸에게 로또 이야기를 했더니, 딸은 내 말이 미처 끝나기도 전에 갑자기 "엄마! 그 복권 열어 봐! 당첨되면 아들 좀 도와줘!"라며 정색한 낯빛으로 내 손을 잡는다.

가슴이 뭉클했다. 눈물까지 보일 뻔했다.

얼마 전에는 둘째 딸이, 여유가 되면 제 동생네 아들 학비를 좀 도와주고 싶단 말을 해서 내가 감동하기도 했는데 말이다.

아들의 아이는 지금 미국에서 유학하고 있고, 한국 학제로는 고등학교 1학년이다. 아직은 순조롭지만 워낙에 학비며 체류비용 등등이 많다는 걸 잘 아는 누나들이 제 동생을 염려해서 하는 말이다. 내 로또에

돈보다 더 귀한 형제들의 사랑까지 무게를 실었으니, 이만하면 복권이 내게 건네는 힘을 톡톡히 누리는 듯했다.

아들네가 휴가차 내려왔다.

여럿이 모인 자리에서 "아들아, 넌 정말 행복한 막내야."라면서 제 누나들 이야기를 전했더니, 아들은 우람한 몸집을 우스꽝스러울 만큼 비비 틀며 얼굴을 쓱쓱 비벼댄다. 눈물을 감추었을까? 얼마나 뿌듯하고 고마웠을까…. 내 손에서 자란 아이들이 어쩌면 이렇게도 잘 성장했나 싶어 세상을 품고 있는 듯 든든하다.

서랍 속의 로또는 아직 미개봉 중이다.

시작이야 꿈으로 인해 구매한 복권 한 장이지만, 그 이후 어렵던 금전 문제도 풀렸고, 거기에 내 아들 딸들의 마음 씀씀이를 엿볼 수 있어서 좋았다. 이만하면 길몽도 로또의 능력도 여기까지가 끝인 것 같다.

그런데 마음의 기대치가 너무 높았던 탓일까? 무슨 금덩이라도 모셔 놓은 듯 서랍 앞을 지나칠 때마다 은근슬쩍 기분이 좋아지니 굳이 좋은 기분 깨뜨리고 싶지 않아 복권을 고이 모셔 놓은 상태다.

이쯤 되면 내 마음의 무게가 재물 운을 기다리는 쪽인지 마냥 즐겁게 바라보자는 쪽인지는 나도 알 수가 없다. 저울에 달아 본다면 재물 운 쪽이 더 무거우려나? 지금도 나는 로또가 들어 있는 서랍 앞에 슬그머니 다가와 야릇한 웃음을 머금고 있으니.

복권 1등 당첨이 마른하늘에 날벼락 맞을 확률이라는데 내가 그 확률에 적중할 리도 없거니와 이미 난 그 행운이 내가 아니란 것도 알고 있다. 오며 가며 힐끔힐끔 보게 되는 복권방 앞의 당첨 플래카드가 요란스럽게 바뀌지 않은 것만 봐도 3등 안에조차 들지 못했다는 것까지 다 짐작한다.

그렇거나 말거나 내 로또는 아직 서랍 안에서 편안히 잠들어 있다. 엄밀히 말하자면 미련을 못 버리는 주인 덕에 아직도 목숨을 부지하고 있는 셈이다. 어쩌면 속내가 훤히 들여다보이는 나를 비웃으며 누워 있는지도 모를 일이다.

누구라도 한 번쯤은 자기만의 팡파르가 멋지게 울리는 순간을 기대하지 않을까? 비록 그 기대가 허황한 꿈일지라도 상상의 날개를 끝도 없이 펼칠 것 같다, 지금의 나처럼. 아무튼 이번 크리스마스에는 돈 잔치 좀 하자며 헤어졌으니, 그때까지는 이 상상 속의 순간을 더 유지하고 싶다.

당첨 후의 팡파르를 상상해 보는 재미 또한 쏠쏠하다.

"얘들아. 엄마가 다 해결해 줄게!"

아, 이 얼마나 황홀한 선율인가!

가족이라는 이름

우리 가족 3대 열한 명이 전주의 한옥마을에서 만나기로 했다.

남편의 생일날, 단체로 한복을 빌려 입고 특별한 추억을 만들자는 큰딸의 의견에 가족 모두 찬성했기 때문이다.

이곳은 일제 강점기 때 일본인이 상권을 장악하자 이에 항의하는 의미로 뜻있는 선비들이 한옥을 짓기 시작한 것이 한옥마을의 뿌리가 된 곳이다. 날렵한 처마의 모습이며 곧게 뻗은 서까래가 한국인의 자존심을 닮은 듯해 보기만 하여도 마음이 뿌듯했다. 태조의 어진과 조선왕조실록을 모셔 놓은 경기전(慶基殿)이 있고, 우리나라 천주교의 첫 순교자가 나온 터 위에 지은 전동성당 건물이 위풍당당하게 마주 보고 서 있다.

더욱 놀라운 것은 고전의 역사를 엄숙하게 담은 두 건물 주위로 멋지게 지어 놓은 근대 한옥들이 즐비하고 그 앞에는 우리 고유의 한복을 입은 외국인 관광객들이 내국인들과 나란히 걸어 다니는 모습에 눈을 뗄 수가 없었다. 한 폭의 그림 같다.

한옥 상가 앞에는 먹을거리를 사기 위해 한복 입은 관광객이 줄을 서서 기다리고 있다. 그 종류는 비빔밥 콩나물국밥처럼 전통음식도 있지만 피자 스파게티 등의 서양 음식도 있어 동서양이 어우러진 먹거리 문화가 보기에 좋았다.

이곳은 고즈넉한 한옥마을이 아니라 명랑하고 유쾌 발랄함이 묻어나는 젊은이들의 거리인 듯했다. 고전과 현대, 동양과 서양의 문화가 공존하는 상업화된 마을이다.

우리 가족 역시 이 물결에 휩싸이지 않을 수 없었다. 한복 대여점에서 이것저것 고르면서 하하 호호 떠들며 각자 입을 한복의 모습에 모두 궁금한 표정들이다.

"엄마는 장희빈, 아빠는 장희빈에 빠진 숙종 임금 어때?", "나는 자유분방한 어우동 할 거야" 딸의 호들갑에 시간 가는 줄 모르고 옷을 골랐다. 어떤 모습으로 변할지 모두가 야단법석을 떤다.

나로서는 사춘기에 든 외손녀가 과연 이 설정을 잘 따라 줄까도 은근히 걱정했는데, 쿨하게 탈의실에 들어가더니, 새침한 양반집 딸로 변신해서 제일 먼저 나온다.

나는 착한 장희빈처럼 한복을 입었다며 웃고 곤룡포에 익선관까지 머리에 쓴 남편은 근엄함보다 어설픈 임금이라고 해서 한바탕 웃음이 터졌다.

큰딸 부부는 어우동 부부로 변신했다. 큰사위가 그 와중에 또 장난을 친다. 전동성당에 전시된 초대 선교사 사진이랑 자기가 똑같이 생겼다고 너스레를 떤다. 오늘 하루는 웃음꽃이 만발한 날이다.

둘째 딸은 어사 박문수의 집안으로 분장했다. 둘째 사위는 마패도 없다. 다른 사람이 먼저 빌려 갔단다. 그래도 어사 박문수로 근엄하게 서 있다. 그러자 마패 없는 암행어사가 무슨 힘을 쓰냐며 모두 한마디씩 건네 또 웃었다.

붉은색 치마와 흰색 저고리를 입은 며느리는 어찌나 예쁜지 주위의 시선을 한 몸에 받았다. 아들은 제 아내를 지키는 호위무사가 된 듯 무술인 복장에 칼을 차고 서 있는 모습이 오늘따라 늠름해 보인다.

손자는 세손으로, 외손자는 갓끈을 풀어 놓고 공부에 지친 양반 아들로, 외손녀는 양반집 작은아씨로, 모두 시대의 변신이 끝났다.

거리에는 조선 시대로 돌아간 듯 여기도 저기도 상감이고 중전이며, 양반과 어우동이 길을 메운다. 모두가 하나같이 들떠 깔깔거리며 사진도 찍고 먹거리에 기웃거리기도 하면서 가을의 정취를 만끽하고들 있다. 우리 가족 역시 오늘은 이곳에서 마음대로 즐기기로 했다.

"아, 진짜 예쁘다. 이 가을이 어찌 이리도 이쁘냐."

아마도 남편은, 은행잎 수북이 내려앉은 길에서 웃으며 어깨동무하고 사진 찍는 가족을 보고 감격했던 모양이다. 무엇이 이보다 아름다우며 세상에서 아무리 귀한 것이 이 시간과 비교될 수 있겠는가. 남편의 생각은, 그냥 스쳐 지나가는 한순간이지만 늘 오늘만 같았으면 하는 바람일 것이다.

삶이 늘 이렇게 빛나지는 않겠지. 세상 이치를 거역할 수 없으니 지금 웃고 있는 이 아이들에게도 어려움을 피할 수는 없을 테지. 수없이 많은 굴욕과 비굴함에 자존심을 팽개치고 머리를 박아가며 살아야 할 날들이 얼마나 많을지, 높낮이가 다른 산은 또 얼마나 넘으며 살아가야 하는지. 그때마다 힘들기도 하겠지.

그러나 나는 믿는다. 내가 인생의 가시덤불을 넘을 때마다 가족을 생각하며 일어섰듯이, 내 아들딸들이 어려움에 맞닥뜨려졌을 때 다시 제 가족들을 통해 위로받고 일어설 것이라는 걸. 가족이라는 디딤돌은 워낙 단단해 결코 쉽게 무너지지 않는다는 걸.

나는 그저 이 빛나는 순간이 각자 자기가 살아가는 동안 고스란히 이어지기만을 바랄 뿐이고, 사는 게 퍽퍽한 어느 때에 오늘의 사진들을 보면서 한 번쯤 위로받을 수 있길 함께 간구해 볼 뿐이다.

"밤낮으로 불러도 늘 아쉽고
평생토록 품어도 늘 그리운
마음이 부르고 마음이 기억하는
가족이라는 그 이름.

밤낮으로 불러도 늘 아쉬운
부르는 그 이름.

평생토록 품어도 늘 그리운
마음이 기억하는 그 이름."

조은아 시, 신상우 곡 「가족이라는 이름」의 가사다. 내가 속해 있는 '솔향실버합창단'에서 부른 연주곡이다.

합창이 시작되자 갑자기 가슴이 뭉클해졌다. 바로 지난주에 전주 한옥마을에서 보냈던 가족들의 웃음소리와 그림 같던 모습들이 흩어졌던 퍼즐 조각 맞추듯 내 가슴에 박혀 왔기 때문이다. 나는 곡이 끝날 때까지 눈시울을 적시면서 노래를 불러야 했다.

가족이라는 이름은, 마음이 부르고 마음이 기억하는, 내 안의 언어다.

가족 오케스트라단

"아빠, 그래 이제, 그만 죽자…."
큰딸이 흐느끼며 제 아빠의 몸에 얼굴을 묻는다.
말하는 큰딸도 듣고 있는 나도 큰사위도 울음바다가 따로 없다.
배액관 주머니까지 몸에 달아 가며 목숨을 구걸해야 하는 자신이 비참하고 구차스러웠던지 그냥 이대로 죽게 내버려 두라면서 한사코 병원 치료를 거부하는 남편에게 큰딸이 침대 옆에서 무릎을 꿇었다.
"아빠 그럼, 마지막으로…, 가고 싶거나, 하고 싶은 거 있으면 말해 봐요."
남편이 머리를 가로젓는다. 나는 방바닥에 털썩 주저앉았다.
우리는 잠시 침묵했다.
"그럼, 아빠 마음 알았어. 그런데 아빠, 몸에 달린 배액관 주머니는 어떡할 거야. 죽더라도 이건 빼고 죽자."

나는 울다가 웃음이 나오는 걸 억지로 참았다.

남편은 큰딸의 유도로 계속해서 병원 치료를 받으러 동해에서 대구까지 오가며 일주일 혹은 이주일 간격으로 3개월을 다녔다. 그렇지만 남편은 아픈 몸을 스스로 추스르지 못하는 자신에게 몹시 화를 내며 한참 동안을 자기만의 늪에서 헤어나지를 못했다.

남편은 병원에서 집에 오면 종일 음악을 듣는다. 주로 베토벤과 차이콥스키의 교향곡이나 협주곡 등 긴 곡을 듣는다. 아마도 병중에 오는 아픔과 지루함을 대곡을 들으며 견디려는 자기 나름의 방법이었을 것이다. 그중에서도 베토벤 피아노 협주곡 5번 '황제'는 가장 즐겨 듣는 곡이었다.

언젠가부터 나는 우리 가족이 베토벤 '황제'를 연주하는 오케스트라 단원 같았다고 생각하며 이 곡을 듣고 있다. 우리 가족 협주단의 지휘자는 큰딸이고 연주 단원은 나를 비롯한 가족 전체다. 물론 피아노 연주자 솔리스트는 주인공인 남편이다.

'황제' 1악장의 서두는 지휘자가 오케스트라의 짧고 장엄한 연주로 시작을 알리고 피아니스트의 솔로 연주 때는 지휘자가 지휘봉을 내린다. 곧바로 피아니스트는 지휘 없이 자기만의 기교로 감동의 음을 연주한다. 다시 지휘자가 지휘봉을 들면 관악기가 잠시 연주되고 또다시 피아노와 오케스트라의 협주가 이어질 때 지휘자는 온몸으로 협주단원의 소리를 모은다.

1악장이 끝나면 지휘자는 잠시 숨을 돌리며 만족한 듯 미소를 짓는다.

병원에 입원한 남편은 병원 치료에 순순히 잘 따라 주었다. 소화 기관이 망가진 탓에 잘 먹지는 못하나 그래도 혼자 잘 견디는 편이었다. 나는 이 모습을 피아니스트의 솔로 부분과 같은 맥락으로 해석한다. 그러나 단기에 끝나는 치료가 아니어서 일주일이 지난 후 퇴원했다가 다시 일주일 후 입원해야 한다.

큰딸이 지휘봉을 들었다. 두 동생 중 시간을 낼 수 있는 쪽으로 지휘봉을 올렸다. 처음 바통을 받은 막내가 서울에서 대구로 내려와 아빠를 태우고 동해에 모셔 놓고 다시 서울로 올라갔다. 큰딸은 다시 지휘봉을 내렸다.

처음 노정은 끝났다. 큰딸도 긴장을 좀 푼다.

'황제' 2악장은 아주 깊고 고요한 현악으로 시작된다. 피아니스트의 부드러움이 함께 연주된다. 지휘자의 지휘에 따라 관악기도 천천히 음악 속에 흡수된다. 감동적인 음악이 흐르고 피아니스트의 손은 건반을 조심스럽게 눌러 고요함을 유지하며 3악장으로 간다.

남편이 집에 머무는 동안은 내가 곁에 있다. 남편은 비교적 편안해 보이고 더러는 깊은 잠에 빠지기도 하며, 전보다 훨씬 나아진 듯 식사양도 많이 늘었다. 이때의 나는 흡사 '황제' 2악장의 현악이 되어 피아니스트와 함께 연주하는 장면이 연상되기도 한다. 일주일이 지나서 남편이 다시 입원해야 할 때 큰딸은 동해에서 대구로 제 아빠를 모셔 놓는다.

퇴원 날짜가 다가오니 큰딸은 다시 지휘봉을 들고 둘째를 부른다. 둘째는 순순히 대구에서 동해로 아빠를 모셔 놓고 다시 대구의 제집으로 간다. 나머지 가족들은 모두 자기 자리에서 자기 일에 충실하며 합심하여 이 기간을 잘 지내려 마음을 모은다.

'황제' 3악장은 춤추듯 경쾌하고 빠르게 이어진다. 건반 위의 손가락이 빠르게 음을 두드리며 모든 게 만족스러운 듯 힘 있게 마친다.
이렇게 애들은 동해에서 대구로, 강릉으로 환자를 옮겨가며 3개월 동안 입원과 퇴원을 계속했다. 쉽지 않은 일이었다. 지휘자 큰딸은 자기가 할 수 있는 모든 걸 동원하고 움직이면서 제 아빠를 위해 이 병원 저 병원 동행하며 무척 공을 들인다. 지휘자 중의 명지휘자이며 일등 후원자다.

남편의 마지막 1년 4개월은 우리 가족이 총동원되는 시간이었다. 그런 가운데서도 진심으로 아빠를 받드는 아들과 딸들의 모습이 나에게는 큰 감명이었고 참 아름다웠다. 이제 남편은 우리 곁에 없지만, 마지막까지 이렇게 지켜 준 가족이 있어서 행복하게 눈을 감았을 것이다. 내가 세계적인 오케스트라와 명지휘자의 섬세하고 정성스러운 연주를 보면서 우리 아이들을 생각하게 되는 이유다.

베토벤에게는 거의 20년 가까이 그를 후원 해주는 특별한 스폰서가 있었다. 오스트리아 왕자인 루돌프 대공이다. 루돌프 공은 베토벤의 유별난 성격과 고집, 거만함을 다 감싸며 전폭적인 후원을 지속하였다. 베토벤은 청각 장애 이후에는 작곡에만 전념하였고, 많은 곡을 자기의 후원자인 루돌프 공에게 헌정하였다. '황제'는 그 헌정곡 중의 하나이다.

  나는 이 지면을 통해서 나의 큰딸 지은과 둘째 딸 희영, 아들 진형에게 감사한 마음을 전하고 싶다. 물론 사위, 며느리, 손자, 손녀 모두 같은 마음으로 감사를 보낸다. 이 마음은 아마도 하늘나라에 있는 남편도 같은 마음일 것이다.

> **베토벤 피아노 협주곡 5번 작품 73 황제**
> **(Beethoven Piano Concerto No. 5 Op73 'Emperor')**
>
> "비록 내가 쓴 곡은 아니지만, 베토벤이 루돌프 공에게 헌정한 이 곡을, 그동안 아빠를 위해 헌신한 너희들에게 아빠와 내가 헌정한다."

베토벤 피아노 협주곡 5번 작품 73 '황제'

길

그날,
 내가 버스에서 내려 그곳에서 다시 차를 갈아타기 위해 가방을 뒤졌을 땐 이미 지갑을 도난당한 뒤였다. 아무 생각도 아무 의욕도 없는 표정으로 축 처진 어깨에 걸머진 가방을, 소매치기가 칼로 찢고 뒤져간 것도 모른 채 빈 가방만 메고 차에서 내렸다.

잃어버린 것이래야 몇 푼 되지 않는 현금과 지갑 속의 버스표일 뿐 별것도 없지만, 가뜩이나 서러움으로 가득한 나는 죽을 것만 같은 절망으로 길바닥에 풀썩 주저앉고 말았다.

"위암 4기"

수술을 끝낸 주치의가 남편의 병을 이야기할 때는 목 안에서 구르던 침이 일순간 다 타버린 듯한 갈증에 입을 다물 수가 없었다.

암이라니….

세월은 참으로 냉정하기만 하다. 이제는 내게 온정을 베풀어 모른 척 넘어가 주기라도 하련만, 악순환은 아직도 나를 비켜 가지 않는 것이 못내 야속하다. 질긴 세월이 자꾸만 나를 거친 광야 바닥으로 밀어 넣는 것만 같았다.

1985년 겨울. 남편이 하던 사업을 견디지 못해 문을 내렸을 때도 나는 말할 수 없는 절망감으로 헤매고 다녔다.

난전에서 채소 장사하는 할머니가 우상처럼 보이고 만나는 사람마다 스승처럼 보이던 그때, 용기도 능력도 없는 나를 한 없이 원망하며 수많은 시행착오로 지나가는 세월을 붙들고 통곡하며 살아온 적이 있었다.

이제 겨우 남편과 내가 선택한 조그만 일터에서 지난 시간을 잊을 만한 때에 닥친 일은 우리를 더더욱 참담하게 만들었다.

구토와 설사가 계속되는 항암 치료가 계속되고 냄새에 민감해져서 먹을 수 있는 것이 거의 없었다. 겨우 먹고 싶다며 사달라는 빈대떡을 사러 가기 위해 예전에 다니던 집을 찾아 나서던 길에 가방을 찢기고 차비조차도 다 잃어버린 것이다.

마음 같아선 길바닥에 엎드려 울부짖기라도 할 만큼 힘이 들었으나 그럴 수만은 없는 일이었다. 긴 한숨 접고 일어서며 다시 난 내 길을 찾기 위해 지난날 주문처럼 외우던 말을 되풀이하며 중얼거려 본다.

"그래, 좌절하지 말자.

약해지지 말자.
강에는 다리가 있고 논에는 논두렁이 있다.
산이 막혀도 당황하지 말자.
산모퉁이로 통하는 산길이 있으니까.
돌아서라도 길만 찾아가면 되는 거야.
길은 분명히 있어. 그저 좀 늦을 뿐이야.
여기서 약해지면 안 돼."

  끝없이 끝없이 주문처럼 외우며 경사진 언덕을 올라가는 나의 주먹엔 어느새 힘이 쥐어져 있었고, 땅으로 내려앉을 것만 같던 내 무거운 어깨는 가벼워졌다. 들어 올리지도 못할 만큼의 무거운 다리도 많이 빨라졌다.
  인생이 그렇게 좋은 일만 있을까. 언제나 좋은 일 뒤엔 불행이라는 그림자가 따라다니다가 어느새 내 앞으로 막아서곤 하지 않았나.

"그래, 바람의 방향만 찾자.
거센 바람도 길 따라 달리고 길 끝에는 반드시
바람을 피할 모퉁이가 있는 거야.
길은 연이어 있고 모퉁이는 다시 세상과 통하는
널따란 길을 만날 수가 있는 거야."

나의 주문은, 넓고 평탄한 길에서도 계속 이어지고 오늘도 여전히 나는 수많은 사람과 함께 끝도 없는 길을 걸어가고 있다.

　하찮게만 여겨오던 소소한 일상을 감사의 제목으로 여기고, 지난했던 그 세월까지도 사랑할 줄 아는 성숙함을 배우며 세월이 그어놓은 길을 남편과 나는 묵묵히 걸어가고 있다.

소나기

 천둥 번개가 요란하더니 소나기가 세차게 내린다. 거리의 사람들이 비를 피하느라 달리기까지 한다. 카페에서 모임을 끝내고 서둘러 일어나던 나는 도리 없이 주저앉아 유리창 밖의 소나기 내리는 거리를 바라보고 있다.

 거리의 사람들은 순식간에 흩어져 보이질 않는데, 쏟아지는 비를 맞으며 아주머니 한 분이 손수레를 끌고 급히 공중전화 부스 앞에 선다. 제법 많이 실린 수레 속의 폐박스도 비를 그대로 맞고 있다. 아주머니는 손수레 속에서 우산을 꺼내더니 상자 위에 펴 놓고 얼른 공중전화 부스 안으로 몸을 피한다. 비에 젖으면 짐이 무거울까 염려했을 것 같다.

 그러나 웬걸, 잠시 후 바람이 우산을 저만치 휙 날려 버린다. 아주머니가 황급히 달려가서 우산을 집어 온다. 이번엔 아예 포기한 듯 우산을 들고 다시 부스 안으로 들어간다. 비에 흠뻑 젖은 옷이며 모자가 몸에 착 달라붙어 있다. 나는 잔뜩 지쳐있을 저 아주머니의 심경을 헤아리며 지켜보고 있다.

   나의 20대 후반, 지금처럼 6월 이맘때였다.
   결혼 후 호기 있게 시작한 사업이 해를 거듭할수록 빚만 늘자, 결국은 일도 접고 살고 있던 집을 팔아 빚을 정리할 수밖에 방법이 없었다. 그리고 우리는 도시 외곽에서 농사짓던 땅에 집을 지어 살 결정을 했다. 집이래야 방 두 칸에 부엌과 좁은 마루가 전부이고, 시멘트 블록에 슬레이트를 얹은 허술하기 짝이 없는 집이다. 식구들이 '돈표 성냥갑 집'이라 부를 만큼 작은 집이었다.
   그마저도 짓고 있는 집이 완성되기 전에 이사부터 해야만 했다. 살고 있던 집을 갑자기 비워 주게 되었기 때문이다. 천장과 유리창 자재는 아직 도착하지도 않은 때다. 겨우 방바닥과 벽만 도배하고 창문은 투명 비닐로 우선 막아놓은 상태로 입주했다.
   이런 곳에서 할머님을 모시고 어린애들과 함께 지내야 할 걸 생각하니 서글프기 짝이 없었다. 설움이 목구멍까지 울컥울컥 올라왔으나 우선 빚에 짓눌리는 것보다는 낫다고 생각하며 스스로한테 억지로 위로했다. 아직 삶의 철이 들지 않은 나이라 나를 다스리기에도 한참 부족한 때였다.
   그런데 설상가상으로 이 상황에서 갑자기 소나기를 맞은 것이다. 임시방편으로 막아놓은 비닐 창문을 타고 비가 새어 들었다. 아직 처마를 두르지도 못했는데 빗줄기가 바로 창을 친 것이다. 때마침 남편이 외출 중이라 내가 막아 볼 요량을 하고 밖으로 나갔다. 비닐을 벽에 두르며 못질을 하는데 빗줄기는 점점 더 거세지고 나로선 감당이 되지 않았다.

소나기를 고스란히 받을 수밖에 없었다. 빗줄기의 힘이 얼마나 센지 몸을 가누기도 힘이 들 지경이었다. 빗물은 정수리에 동이째 들이붓는 듯했고 옷이며 머리카락으로 물이 줄줄 흘러내렸다.

"우~~ 우~~"

울음인지 비명인지 분간할 수 없는 고함이 나도 모르게 나왔다. 왜 그 울음이 시작되었는지는 기억에도 없다. 처음엔 소나기에 맞아서 애들처럼 울었을 것이고, 다음엔 힘들게 참아온 모든 게 소나기를 핑계로 한꺼번에 터져 나왔을 것이다. 안개 같은 현실에 내몰린 상황이 막막해서 울고, 그냥 울고 싶어 "우우~~" 소리 지르며 울었을 것이다. 아마도 빗줄기만큼이나 굵은 소나기 눈물이었을 것이다.

방안에서 할머님이 빨리 들어오라고 날 부르는 소리는 듣는 둥 마는 둥 나는 그냥 빗속에 서 있었다. 마음속에 박힌 옹이며 오기투성이의 내 몸뚱이를 빗속에 세워두고 "우~ 우~" 소리만 지르고 있었다. 그렇게 내가 나를 더 초라하게 만들고 있었다.

언제나 그렇듯 소나기는 길지가 않다. 얼마간의 시간이 빗속에서 나의 응어리를 풀어주는 동안 저만치서 먹구름 사이로 햇살이 비치기 시작했다.

나의 현실 속 소나기도 다행히 그리 길지는 않았다. 오래 기다리지 않아 남편도 다시 직장에 나가게 되었고, 언제쯤일까 조바심하던 어둠도 걷히기 시작했다. 쉽사리 끝나지 않을 것 같던 생활의 어려움도 벗어날 수가 있었다.

삶의 긴 여정 속에서 소나기를 맞는 일이 어찌 이것뿐이랴. 이후로도 역경의 힘든 시간을 여러 번 겪기도 했었고, 그때마다 암담할 때도 많았다. 아직 세상살이가 미숙했던 시기에 겪었던 그날 그곳의 소나기가, 성숙함을 배우는 인생의 과정이었다는 것도 세상의 상처로 더 곪고 난 후에서야 깨달았다.

마치 돈표 성냥갑 같던 작은 집에서 "우~우~" 소리 내며 울던 그 창가, 그 초라함으로 젖었던 내 20대 후반, 그곳의 그 장면은 늘 내 가슴 속에 묻어 놓고 산다. 소나기 뒤에는 곧 햇살이 비친다는 나만의 소신은 내 가슴 속에서 동행하며 두고두고 빛을 발휘해 주기도 한다.

비가 멈췄다. 소나기에 가려졌던 주위가 선명해지기 시작한다. 보이지 않던 사람들이 다시 거리로 쏟아진다. 아주머니도 공중전화 부스에서 나와 비에 젖은 폐박스를 정리한다. 다행히 속까지 깊숙이 젖지는 않은 것 같다. 그렇지만 손수레를 끌려고 숙인 몸이 옆으로 휘청한다. 여자의 힘으론 부대끼는 무게인 것 같다. 어디서 오는지 가방을 멘 학생들이 달려오더니 수레 뒤를 밀어준다. 아주머니가 뒤를 돌아보고 웃으며 인사한다.

횡단로를 건너고도 한참 내 시야에서 멀어질 때까지 학생들이 함께 따라간다. 카페 창가에서 처음부터 애틋하게 바라보던 나는 이 광경이 참으로 따뜻하고 흐뭇해, 저절로 입꼬리가 올라갔다.

  소나기 뒤의 무지개처럼, 아주머니의 앞날에 고운 날이 비추기를 마음으로 기원하며 카페를 나섰다.

자, 출발합니다

　아들네를 배웅하고 들어와 앨범을 뒤져 사진 한 장을 빼냈다. 1978년 여름휴가 때의 사진이다. 그냥 해묵은 사진 한 장으로 남았지만, 오래전 사진을 들추니 그날의 감회가 새롭다. 그해 여름휴가는 시부모님과 함께 남해 상주리 해수욕장으로 갔다. 유난히도 바다를 가려고 하던 큰딸은 그날따라 차멀미가 싫다며 그냥 집에 있겠다기에 어쩔 수 없이 이웃에 부탁해 두고 떠났다. 그날은 애들이 왜 그리 말썽을 부리는지, 막내는 수영복을 갈아입고도 무섭다며 바다에 들어가지 않겠다고 떼를 썼다. 하는 수 없어 애들 둘을 태우고 우리 네 식구만 놀잇배를 타고 바다로 들어갔다. 수영하는 사람들을 피하느라 조금 더 바다 안쪽으로 배를 몰고 들어가니 그제야 막내도 신이 나서 좋아한다.
　근처에서 수영하는 아버님이 보이자, 애들은 더욱 좋아서 할아버지를 부르며 손을 내민다. 아버님도 애들의 손을 잡으려고 배 가까이 다가왔다.

그런데 이게 화근이 될 줄이야, 순식간에 엄청난 일이 벌어진 것이다. 아버님이 한쪽 손으로는 배의 난간을 잡고 한쪽 손으로 애들 손을 잡으려 힘껏 팔을 뻗친 순간, 아뿔싸! 우리 배가 곧바로 뒤집히는 것이 아닌가.

물속에 빠진 나는 한없이 물밑으로 내려가기 시작했다. '어쩌지?' '아, 이렇게 해서 나는 죽는 걸까?' '그러면 아이들은?' 수많은 생각과 지나온 시간이 영사기 필름 돌 듯 머릿속에서 빙빙 돌아가고 있었다. 그럼에도 아이들을 찾겠다고 손을 마구 저으니, 딸의 수영복 자락이 한 손에 잡혔다. 둘째를 안았다.

바닷물의 힘은 우리의 버둥거림 따위는 아랑곳하지 않고 자꾸 밑으로만 우릴 밀더니 어느 시점에서 다시 떠 올려주기 시작했다. 그리고 조금 뒤, 우리가 탔던 배의 어느 부분이 내 손에 잡혔다. '아, 살았구나!' 하는 생각과 동시에 나와 둘째가 물 위로 솟아 올라왔다.

"막내는?"

우리보다 먼저 물 위로 올라온 남편이 묻는다. 그건 내가 묻고 싶은 말이었다. 아들은 아직 아무 데서도 보이지 않았다. 정말 숨이 막힐 것 같았다. 남편도 아버님도, 그사이 달려온 구조대원도, 막내를 찾으러 물속으로 내려갔지만 모두 그냥 올라온다.

그때, 아이의 울음소리가 물결 음에 섞여 조그맣게 들렸다. 배가 뒤집히면서 생긴 공간을 통해 우는 소리가 새어 나오는 듯했다. 그러나 그것도 잠깐, 울음소리를 듣고 배를 뒤집겠다고 여럿이서 울렁대며 흔들자, 물 위로 물방울이 뽀르륵 올라온 후엔 우는 소리조차 들리지 않았다. 모두가 다시 배 밑으로 내려가고 올라오기를 반복했지만 하나같이 막내가 보이지 않는다고만 한다.

나는 다급했다. 목청껏 사람들을 불렀다.

"살려 주세요! 우리 애를 살려 주세요!"

"배를 뒤집어 주세요!"

"사람 살려 주세요! 내 동생 살려 주세요!"

"내 동생이 배 밑에 있어요. 살려 주세요!"

겨우 여섯 살밖에 안 된 둘째도 연신 울며 함께 소리를 지른다. 기가 막히는 순간이다. 그렇게도 쉽게 넘어지던 배가 모두 달려들어 배를 뒤집겠다고 온몸으로 흔들었지만 꿈쩍 않고 버티고만 있다. 애간장이 다 타들어 가는 듯했다.

그때였다.

배 밑으로 몇 번씩이나 찾으러 내려가던 아버님이 막내를 안고 나오셨다. 배에 설치된 의자를 붙들고 매달려 있어 쉽게 찾을 수 없었다고 했다. 아마도 막내는 의자를 붙잡고서 배가 갑자기 뒤집힐 때 생긴 에어포켓에 머리를 올려 숨을 쉬고 있었던 것 같았다.

"얼마나 무서웠어?"

"그냥, 엄마가 데리러 올 줄 알았어."

감격해 울면서 하는 내 물음에 엄마가 데리러 올 줄 알았다니…. 그

사이 모든 걸 다 잊은 듯 빤히 쳐다보는 막내의 천진한 눈 속에서 나는 온 세상을 내 가슴에 안은 듯 만족했다. 집에 남은 큰애에게도 감사했다. 한목숨 살리기도 그렇게 힘들었는데 큰애마저 변을 당했다면 상황이 다를 수도 있었을 것 같아서다.

이 아찔했던 순간은 어느 정도의 시간이었을까? 그 조바심의 시간은 나도 엄청나게 길었지만, 복잡한 심경을 누르던 아버님의 시간은 또 얼마나 길었을까. 무심코 애들 손을 잡으려다 배가 뒤집어졌으니, 부담은 또 얼마나 컸을까. 해변 모래사장에서 이 상황을 지켜보던 어머님의 숨 막히는 시간은 또 얼마나 길었을까.

그때 아버님은 50대 후반의 나이였다. 배 밑으로 그만큼 찾아다닐 체력도, 수영 실력을 갖춘 분도 아닌데, 기적 같은 용기가 아닐 수 없다. 결국, 아버님의 상황 종료 덕에 모든 게 다시 제자리를 찾게 되었다.

여름휴가고 무엇이고 우리는 짐을 챙겼다.

"자, 출발합니다!"

남편이 큰소리로 출발을 알리며 자동차의 시동을 걸었다. 나는 가슴 속에 있던 한 올의 묵은 근심까지도 전부 다 바다에 던지고 떠나는 기분이었다.

아들이 손자를 데리고 왔다가 방금 떠났다. 이제 겨우 중학교 1학년인 손자가 어학연수로 1년간 외국 생활을 해야 한다. 떠나기 전 우리를 보겠다고 인사차 온 것이다. 그 옛날 뒤집힌 배 밑에서 엄마를 기다렸다는 다섯 살배기 어린 아들이 이렇게 믿음직한 가장이 되어 가정을 잘 이끌고 있다니….

아들이 짊어진 어깨의 무게가 듬직하다. 어려운 결정을 하고 보내는 며느리의 마음도 아름답다. 어린 손자가 걱정되어 내 마음 기도는 손자를 따라다니지만, 누구나 삶의 길은 자기가 개척하며 살아가는 법. 튼튼하게 뿌리 내리고 그 뿌리의 면적을 넓히면서 훌륭한 나무로 자라길 바랄 뿐이다.

아들 식구를 보내고 우리 부부는 옛날 상주리 해수욕장에서 출발 전에 찍었던 사진을 꺼내놓고 그때를 상기했다. 아버님, 어머님, 남편, 나, 희영, 진형. 모두 행복한 웃음을 담고 있다. 나는 사진 뒷면에다 매직으로 이렇게 써놓았다.

"자, 출발합니다~."

새로운 길을 열고자 출발하는 아들 가정에 사진 속의 이날처럼 축복과 감사의 길이 함께하길 기원하는 뜻을 듬뿍 담아서!

느티나무와 살평상

　장롱 바닥에서 굴러다니던 무명 실타래를 꺼냈다. 얼기설기 뒤엉킨 것이라 어떻게 할까를 망설이다가 감아서 쓸 생각으로 양 무릎에 실타래를 걸쳐 놓았다. 이렇게 엉킨 실타래를 만질 때면 큰어머니 모습이 묻어나곤 한다.
　어릴 적 시골 큰집에 갔을 때다. 큰어머니는 방 안에 딸린 고방에서 물감이 알록달록하게 그려진 박하사탕 두 개를 꺼내 내 손에 쥐여주셨다. 그때만 해도 쉽게 먹을 수 없는 사탕인지라 큰어머니는 다른 애들에게 들키지 말고 방에서 먹고 나가라고 했다. 그중 하나를 입에 물고 앉았는데 당신의 무릎에 얹어 놓았던 실타래를 내 양손에 걸어 놓았다. 아마도 엉킨 실타래를 풀자니 손이 필요했던 것 같았다.
　큰어머니는 퍽 조심스럽게 실을 감는다. 실꾸리를 실타래에 바짝 붙이고 몸도 함께 실꾸리를 따라가며 실을 함부로 잡아당기지도 않았다.

그러다가 매듭을 만나면 실꾸리를 내려놓고 엉킨 부분만 살그머니 걷어 차근차근 한 올씩 매듭을 푼 다음, 등잔대에 실오라기를 걸쳐 놓고 실꾸리를 넣었다 빼내기를 반복하며 곱게 마무리를 한다.

이 모습을 빤히 쳐다보는 내게 큰어머니는 "헝클어진 실을 감을 때는 절대로 세게 잡아당기면 안 되는 거란다. 그렇게 하면 매듭을 풀 수가 없어서 실을 끊어야 해." 하셨다.

지금도 박하사탕을 보면 이따금 기억나는 장면이다.

지난해 남편이 건강 때문에 힘든 고비를 넘긴 적이 있다. 위암 수술 15년 차. 그동안 큰 탈 없이 유지를 잘 해 왔는데, 코로나를 앓은 이후 체력이 떨어지더니, 지금껏 버텨오던 몸 안의 면역 틀이 급격히 무너진 것 같았다.

고열 때문에 시달리는 데다가 목까지 부어 말을 제대로 할 수가 없고 음식도 삼키기 어려운 상태에 이르렀다. 체중은 35kg까지 내려갔다. 담에서 시작된 탈이 소화 기관을 온통 막고 있어 소화를 시킬 수가 없다는 진단이다. 간, 췌장, 신장의 수치가 모두 높아 위급한 상황이라고 했다.

망가진 몸을 추스르기까지는 상당한 시간이 필요했고 몇 개월을 걸쳐 병원에 입원과 퇴원을 거듭해야 했다.

치료가 길어지자, 남편은 아픔과 피로를 견디지 못해 신경이 극도로 예민해졌다. 모든 걸 다 원망하며 치미는 화를 참지 못했다. 그 화살은 정신없이 허둥대는 내게 고스란히 던져졌다. 그때의 남편 얼굴은 내가 그에게서 한 번도 본 적이 없는 매우 무섭고 낯선 사람이었다.

이로 말미암아 지금까지 유지해 오던 둘만의 거리는 멀어져 가고 내 안에서는 모욕과 노여움의 매듭이 점점 굵게 엮어지고 있었다. 그러나 차마 환자 앞에서 내 안의 소리를 쏟아낼 수가 없어 묵묵히 듣기만 했었다.

어떻게 풀어야 하나.

참으로 삶의 노정은 굴곡지다. 육체적으로 힘든 것은 그나마 물리적인 노력으로 풀어나가는 길이 있어 시간에 기대기라도 할 수 있다. 그러나 정신적으로 얽힌 감정의 매듭은 가슴에 상처로 남아 지워지지 않을 것 같았다.

나는 무거운 돌덩어리를 가슴에 안은 채로 조용히 다가설 수밖에 없었다. 침묵함으로써 감정의 단절을 막을 수 있다는 생각에서였다. 헝클어진 실을 감을 때는 절대로 잡아당기면 안 된다던 큰어머니의 말씀도 생각났다.

병원 생활이 끝나고 다시 집으로 돌아왔다. 남편은 몸에 달고 있던 링거 줄이며 배액관 주머니와 작별하는 것만으로도 만족스러운 모양이다. 회복은 더뎌도 얼굴엔 생기가 돌고 경직되었던 표정도 넉넉해졌다.

그런 중에도 나는 나를 잡고 흔드는 가슴 속 매듭을 풀고 싶었다. 종일 남편의 곁을 지키며 시중을 들면서 하루에도 열두 번 그이의 마음속에 들어갔다 나오기를 반복했다. 처음엔 진정한 사과의 말을 들으려고, 다음엔 고맙다는 말을 듣고 싶었기 때문이다.

그러나 그것은 모두가 무의미한 소망이었다. 가엾게도 남편은 이미 나만 의지하는 몸이 되었다. 바닥까지 내려온 그이의 체력은 바깥세상과의 접촉을 쉽게 허락하지 않아 은둔 아닌 은둔생활을 해야 한다. 허망한 눈빛은 이제 원망도 노여움도 다 떠난 듯하다. 그냥 애처로운 순한 양이 되었다.

그이와 살아온 시간 55년, 세월은 나에게 참으로 많은 옷을 입혀 주며 나를 타일렀던가 보다. 애처로운 마음 하나로 나를 다시 평정심으로 되돌려 주니 말이다.

부부란 이런가 보다. 얼기설기 엉킨 감정선도 당기지만 않으면 실타래 풀어지듯 쉽게 풀어지는 게 부부 사이인 모양이다. 결국 나는 남편의 마음속에 드나들면서 애증의 갈등조차도 부드럽게 감으며 나를 풀고 있었나 보다.

무겁게 박혀 있던 내 안의 돌도 어느새 물러났다. 지금 그 자리에는 늙은 느티나무와 낡은 살평상의 그림이 자리하고 있다. 누가 그늘이면 어떻고 누가 쉴 자리이면 어떠하랴. 지금까지 우린 함께 늙어 여기까지 왔는데….

이젠 내 무릎 위의 실타래도 거의 다 실패에 감겼다. 이 무명실로 이불 홑청을 시칠 때마다 오늘 이 자리에서 가졌던 많은 생각들을 오래도록 기억할 것만 같다.

생각난 김에 박하사탕이나 한 봉지 사러 일어서야겠다.

안단테보다 더 느린 걸음으로

추운 겨울에도 맨발에 슬리퍼 차림의 남학생을 버스에서 가끔 본다. 그 학생은 패딩 코트 속에 반바지를 입고 있다. 그래도 나는 그 젊음이 부러워 '부럽다'를 중얼댄다. 때론 염색 머리를 흔들며 등교하는 여학생을 만날 때도 있다. 붉은 염색 머리다. 그럴 때도 난 '대단해'하며 부러움의 눈빛을 보낸다.

이와 같은 모습을 보는 시각적 해석이야 여러 갈래겠지만, 하고 싶어도 못 했던 것의 목마름이 이렇게 부러움으로 남는 건 어쩔 수 없는 나이 때문인 것 같다. 그런데 나도 이 나이에 부럽다는 말을 들은 적이 있다.

비가 추적추적 내리는 날이었다. 늘 걸어 다니는 거리인데도 마침 도착한 버스가 보이기에 부리나케 올라탔다. 서두르며 요금을 찍고 빈자리에 앉으려는 순간 앞좌석 턱에 걸려 그만 미끄러졌다. 내 몸이 휙 돌면서 손에 쥐고 있던 천 가방이 바닥에 나동그라졌다.

학원 교습용 책들이 쭈르륵 미끄러지며 빠져나갔다. 뒷좌석에 앉아 있던 남학생이 일어나더니 책을 주워 내게 건네며 의아한 표정을 짓는다. 보아하니 할머니인데 피아노 교습용 책을 가지고 있다는 게 이상한 모양이다. 그런데 나는 부끄러운 순간을 모면한다는 게 엉뚱한 말이 나왔다.

"으응, 그거 내 책 맞아. 할머니가 이런 책 가지고 있는 게 이상해?"
하고는 거기에 또,

"내가 피아노 공부를 하며 코드 반주도 같이 배우고 있어."
마치 자랑이라도 하듯이 떠들고 말았다.

속으로 '아차, 이건 아닌데' 하는 생각에 후회했으나 이미 입 밖으로 나간 말이라 수습할 수도 없어 젖은 가방만 만지작거렸다. 그러는 사이, 다음 정류장에 닿을 무렵이었다. 건너편에서 할머니 한 분이 일어서며 내 곁으로 와 등을 살짝 치더니,

"당신 멋져요, 부럽소."
하곤 내린다. 아마도 자기와 비슷한 나이인 내가 하는 말이 듣기에 좋았던 모양이다. 얼떨결에 눈인사는 했으나 낯이 간지러워 다음 정류장에서 얼른 내렸다. 그래도 내심 좋았던가 보다. 부끄러움에 얼굴이 달아오르기는 해도, '멋져요, 부럽소.'가 한참 동안 귀에 남아 나를 즐겁게 해 주니 말이다.

내게는 또 한 가지 부러움의 대상이 있다.

몇 년 전, 삼척 장미축제에 갔을 때다. 거리 연주를 위해 축제장 안에

놓여 있는 피아노 앞에 노년의 남자가 앉아 있는게 보였다. 머리카락이 하얗게 세었고 외모는 시골 농부 차림새여서 흘끗 보며 지나치려는데 피아노 만지는 솜씨가 보통이 아니었다. 건반 상태를 점검한 그가 치는 곡은 '아드린느를 위한 발라드'였다.

그냥 두드려 보는 곡이 아니다. 힘주며 칠 때는 감동을 주고, 애달프고 아름답게 칠 때는 듣는 사람들에게 감성을 선사하는 것 같았다. 갑자기 주위에 사람들이 몰렸다. 그런데 더 멋있던 것은, 모두가 박수를 보내며 재청을 원하는데도 사양하면서, "칭찬은 한 번으로 끝."하며 일어나는 것이었다.

나도 일흔이 훨씬 넘은 나이에 피아노를 배우기 시작했다. 주위에선 지금 그걸 시작해 무엇에 쓰겠느냐고 만류하는 사람도 있지만, 그럴 때마다 그날 삼척 장미축제장의 노인 피아니스트를 생각하면서 나도 그와 닮고 싶다는 꿈을 다지고 있다.

그러나 그건 언감생심 꿈도 못 꿀 일이었다. 너무 늦은 나이에 시작한 탓인지 재능이 없어서인지 몹시 서툴고 더디다. 같이 등록한 저학년 초등학생이 나보다 월등히 뛰어난 실력으로 피아노를 두드릴 때는 내 나이를 자꾸 돌아보기도 하고 공연히 위축되기도 한다.

더구나 요즘 배우기 시작한 코드 반주법은 금방 배운 것도 기억하지 못하고 헷갈리는 통에 선생님조차도 난감해 하는 경우가 빈번하다. 그렇거나 말거나 적지 않은 시간이 지난 지금까지도 꾸준히 학원에 다니며 배우고 있다.

이런 중에 버스 안에서 다른 사람으로부터 '멋지다 부럽다.'라는 말을 들은 것이다. 제대로 실력을 갖춘 내가 이 말을 들었다면 얼마나 으쓱했을까만 실력이라고는 감도 잡지 못하면서 우선 나쁘지는 않다. 남보다 뒤쳐져도 부끄러워하지 않고 견디는 건 아마도 세월에서 얻는 무덤덤함 때문인지도 모르겠다.

악기를 배운다는 재미가 이렇게 나를 즐겁게 할 줄 몰랐다. 요즘은 파퓰러 음악을 배우며 옛날 즐겨 부르던 팝송을 따라 부르기도 한다. 서툰 반주인지라 '안단테' 빠르기를 '라르고'쯤으로 아주 느리게 부르는 엉터리 반주이기는 해도 이 시간이 퍽 즐겁다.

비록 더디긴 해도 이왕 시작한 즐거움을 놓고 싶지는 않다. 조금 느리기는 하지만 앞으로도 쭈욱 지금처럼 피아노학원 문을 두드리는 내 모습이 이어지길 희망해 본다. 그날 장미 축제장의 노인 피아니스트처럼 내가 거리연주를 자신 있게 할 수 있는 훗날도 함께 기대해 본다.

"당신 멋져요, 부럽소!"

이 말을 부끄럽지 않게 받아들일 수 있는 그날까지.

다시 평범한 일상을 그리며

　청보리 물결이 일렁이는 4월의 가파도. 큰딸이 우리 내외를 위해 기획한 4월 한 달 여행 중 '제주 보름 살이'가 계획되어 있었고, 가파도는 제주 여행 코스 중 한 곳이다.
　오래오래 전, 갑자기 생활 여건이 나락으로 떨어져 허우적거릴 때가 있었다. 그즈음 나는 심적 스트레스로 집안에서는 숨쉬기조차 어려울 정도로 가슴이 답답했다. 그때 우연히 나의 시야 속으로 들어온 친구가 바로 푸른 보리밭 들판이었다.
　무작정 혼자 있고 싶었다. 세상을 향한 분노와 내게 던진 자괴감이 스스로 내 안에서 춤추고 있던 그때, 나는 아무도 없는 보리밭 둑 위에서 까맣게 타도록 헤매곤 했었다. 참 많이도 서러웠고 많이도 울적한 날들이었다.
　어느 날 큰딸한테, 내게도 이런 때가 있었노라고 지나간 이야기를 했더니, 딸이 제주도 여행을 기획할 때 나를 위해 가파도 관광을 끼워 넣은 것이다. 가파도 청보리를 보면서 기억하고 싶지 않은 곳은 빨리 잊어버리라며.

설렘을 안고 가파도에 도착했다. 배에서 내리자 색다른 풍경이 나의 시야를 가득 채운다. 시선의 끝이 어느 쪽이건 푸른 바다가 보이는 섬, 절반은 청보리 절반은 유채꽃이다. 우리들은 우선 숙소부터 둘러보고 보리밭 관광에 나섰다. 그런데 남편이 힘들어 하며 따라오지를 못하더니 결국 숙소에 먼저 들어가고, 나는 딸이랑 섬의 올레길로 향했다.

가파도는 눈 닿는 곳마다 그림이다. 바람이 흔들며 지나가는 청보리 물결, 유채꽃 향기. 뿔소라가 앉아 있는 돌담길, 예쁘게 장식된 카페, 바다 너머 보이는 제주 본섬 등. 보이는 풍경마다 이채롭고 아름답다. 딸과 나는 아담한 카페에서 가파도 먹거리로 입 호강까지 한 후 기분 좋게 숙소로 들어갔다.

그렇지만 남편은 아직 아무것도 먹지 않았고 거기에 미열까지 있다. 그냥 몸살이겠거니 하고 해열제만 먹게 했다. 그러나 남편은 밤새 잠을 못 이루고 다음 날 아침까지도 겨우 물만 몇 모금 마신다. 불안한 마음에 아침 첫배로 가파도를 나가기로 했다.

좋은 풍경을 보면서 지난날을 잊으라며 딸이 내게 선물해 준 청보리밭 추억은 여기까지였다. 짙은 해무로 보리 수염 가닥마다 이슬 방울 송송이 맺혀 있는 가파도의 아침, 그 아침의 보리밭 풍경을 나는 그저 묵묵히 바라만 봤을 뿐 서운함을 안고 배에 오를 수밖에 없었다.

서귀포에 도착해 병원을 찾았을 때 남편은 열이 38도나 되었다. 병원의 지시에 따라 검사를 받으니, 남편은 코로나 양성 확진이고 딸과 나는 음성이다. 생각지도 않은 결과에 헛웃음만 나왔다. 코로나 격리는 일주일이다.

이때부터 걱정이 시작되었다. 여행지, 그것도 제주도에서 일어난 일이다 보니 제주 숙소 예약 날짜며 육지로 나가는 배편 예약 날짜에 차질이 생길까 봐 머리가 복잡했다. 다행히 남편의 격리 기간과 배편 예약 시간과는 여유가 있었다. 딸은 즉시 약국에 들러 자가진단 키트와 소독제를 무더기로 샀다.

그날 저녁부터 남편은 독방에 격리되고, 딸과 나는 진단키트 검사를 아침저녁으로 했다. 그러나 웬걸, 다음날은 딸도 양성, 확진자다. 자동차로 셋이 함께 다니는 여행이니 당연한 결과였다. 지금부터는 나까지 격리 기간이 겹치게 되면 격리 중엔 제주를 벗어날 수가 없어 남은 일정이 어긋나 더 난감하게 된다.

남편은 염려와는 달리 큰 증상 없이 지났다. 병원 처방 약도 하루만 먹었고 식사도 잘했다. 서귀포 시장에서 구매한 갈치속젓이 마음에 드는지 밥도 평소보다 더 많이 먹을 정도였다. 딸도 역시 별반 다름없었다.

우리가 쓰는 숙소는 밀감나무 수십 그루가 있는 단독 주택이다. 도리 없이 우리는 넓은 밀감밭 속에서 새들의 연주를 감상하며 꽃과 나비랑 노는 수밖에 없었다. 결국 제주 밀감밭마당 관광을 한 셈이다. 어이없고도 값비싼 코로나 격리를 치렀다. 남편과 딸이 격리를 마칠 때까지도 나는 아직 음성이다.

우여곡절은 있었지만 차질 없이 예약된 배를 타고 육지로 나올 수 있었다. 다음 여행지인 산청 글램핑 야영장에 도착했을 때까지도 나는 아직 음성이다. 다음날 대구로 갔다.

대구에 있는 형제들을 만나고 숙소로 들어가는데 목소리가 자꾸 이상하다 싶더니 이제는 세 명 중 나 혼자만 양성이다. 아쉽지만 닷새 예약 해 놓은 대구 숙소를 하룻밤만 지내고 다음날 아침 일찍 동해로 향했다.

코로나가 잠잠해지기를 기다리며 일 년을 계획했던 한 달 여행은 결국 코로나 때문에 반 토막이 나고 막을 내렸다. 확진 판정을 받은 나는 집에서 격리의 시간을 가졌으나 목소리만 좀 달랐을 뿐, 체온도 정상이었다. 오히려 코로나에 전염될까 조마조마했던 시간에 비하면 훨씬 편안한 격리다.

가파도의 카페 벽에 붙은 포스트잇 한 장이 격리 기간 내내 머릿속을 감돌며 떠나지 않았다. 지난날의 거친 시간이 결국엔 내 삶의 뿌리가 되었음을 깨닫게 하는 글 같아 마음에 담아 두었던 글이다.

"…보리는 스스로 강하게 살아간다.
얼어붙은 눈밭에서도.
무수히 밟히면서도. 물을 주지 않아도.
그래서 더 떳떳하다.…"

가볍든 무겁든 누구에게나 시련은 있다. 젊은 한때의 오기로 보리밭 둑에 서 있던 내 지난날도 세월이 주는 작은 시련일 뿐이었다는 것을 지금은 안다. 또 그로 인해 더 단단해질 수 있었다는 것도 이미 터득하지 않았나. 딸이 선물한 가파도 보리밭 관광은 포스트잇 한 장이 주는 깨달음으로 갈음하며 좋은 추억으로 갈무리하련다.

이번 여행에서 맞이한 코로나는 아마도 지난날을 돌이켜 보라고 찾아온 가벼운 자극이었나 보다. 비록 계획보다 많이 어긋난 여행이었지만 지난 4월은 나를 돌아보게 된 좋은 시간으로 기억될 것만 같다.

격리가 해제된 날이다. 밖으로 나오니 몸도 마음도 다 가볍다. 나무 한 그루 풀 한 포기마저도 모두 정겹다. 오월의 봄바람도 오늘따라 더 없이 싱그럽다. 이 모든 게 모여 세상을 움직인다고 생각하니, 나의 존재도 함께 소중해지는 느낌이 든다.

코로나로 인해 누리지 못한 이 작고 소소한 행복이 아무렇지도 않고 당연하게 받아들여지는 날은 언제쯤일지, 마주 보며 크게 웃을 수 있는 날은 또 언제쯤 오려는지….

다시 평범한 일상이 무엇보다 더 그리워진다.

연리목, 그 사랑의 힘

　가족들과 제주의 비자림을 찾았다.
　'아, 내가 어느 때 이런 수풀을 보았던가!' 우선 감탄사부터 쏟아진다. 거침없이 하늘로 뻗은 비자나무가 울울창창하고 알 수 없는 숲의 향기는 나를 매료시킨다. 가꾼 듯 가꾸지 않은 듯한 비자림 숲이 세월의 자취를 자연스럽게 담아내고 있다.
　수없는 나무 가운데 연리목 한 그루가 내 발길을 멈추게 한다.
　거뭇거뭇한 모습으로 묵묵히 서 있는 고목, '벼락 맞은 비자나무'다. 쭉쭉 뻗은 비자나무 숲 한쪽에서 소박하지만 나름 너끈한 모습으로 조용히 서 있다. 이 연리목은 백여 년 전에 수나무 일부가 벼락을 맞아 불에 탔지만, 다행히도 암나무에는 불이 번지지 않아 생명을 이어갈 수 있었다고 기록되어 있다.
　벼락으로 인해 구부러진 수나무는, 몸은 기울어진 채 암나무에 기대어 살면서도 나뭇가지는 암나무를 안고 있는 형상이고, 암나무는 수나무의 버팀목이 되어 꿋꿋이 살아가는 부부 나무다. 구부러지고 휘어진 가지에 박힌 옹이는 유장한 세월의 풍상을 겪은 흔적이 고스란히 드러나 있다.

나무의 갈라진 속살 사이로는 이끼가 두텁게 앉아 있고 가닥가닥 풀어진 담쟁이가 온몸에 붙어 더부살이하는 정경은 수백 년 노장의 여유를 짐작케 한다. 겉모습이 훤칠하지는 않으나 옆으로 펼쳐진 나무 그늘의 영역이 넉넉해서 앞으로도 오랫동안 열매를 맺어가며 잘 살아갈 것 같은 든든함도 보인다.

우리네 삶에서도 부부가 서로 기울이며 기댄다는 것은 그 기울이는 각도만큼의 믿음과 사랑이 있다는 의미가 아닐까? 둘이 한 몸이 되어 만고풍상을 겪으면서도 수백 년 동안 의젓하게 살아가는 '벼락 맞은 비자나무'를 보니, 흡사 부모님의 지난 세월과 마주하고 있는 듯 애정이 간다.

부모님의 일생 중에 빼놓을 수 없는 것이 있다. 대한민국 역사에서 가장 비참하고 끔찍했던 6·25 전쟁 3년 동안의 일이다. 아버지는 20대에 면서기였고 해방 후엔 면사무소 경리과에 근무했다. 그 후 총무까지 지냈다.

이런 까닭에 인민군이 내려온다 해도 면사무소를 떠날 수가 없어 피란을 떠나지 못했다. 어쩔 수 없이 인민군을 피해 숨어 지내기도 했고 붙잡혀 고초를 당하기도 했다. 또 마구 끌려다니며 온갖 수모를 겪기도 했다.

얼마 후 서울이 다시 수복되고 인민군은 물러났으나 공산군의 지배 속에서 살아남은 면사무소 근무자들은 다시 붙들려 들어가는 수난을 겪게 되었다. 법도 재판도 없는 전쟁의 무질서 속에서 면사무소의 직책을 가진 사람은 발길로 차이고 던져지는 돌멩이의 처지와 하나도 다를 바가 없었다. 인민군 치하 때는 반동분자로, 그들이 물러간 후에는 공조자로, 옥살이를 두 번이나 하는 시기였었다.

아버지도 예외는 아니었다. 그것도 우리 집 머슴이 가리키는 손가락 힘으로 말미암아 붙들려 들어가게 되었다. 아버지가 옥에 갇혔을 때 어머니 따라 아버지의 밥을 날랐던 머슴이다. 더 기가 막힌 것은, 우리 어머니가 머슴에게 참한 색시를 골라 결혼까지 시켜주었는데도 그렇게 당한 것이다.

결국 우리는 가족 같던 그 머슴에게 집을 빼앗기고도 모자라 쫓기다 시피 외갓집으로 가서 살아야 하는 지경까지 겪었다. 전쟁 당시 만연했던 소작농과 머슴들의 반란 속에 동조했던, 이른바 완장의 힘이었을 것이다.

이 난리 통에 가장 힘든 사람은 어머니였다. 어머니는 그해 6월 28일에 내 동생 막내를 해산했다. 6·25전쟁이 시작된 때다. 삽시간에 쳐들어온 인민군 때문에 해산 후 산모의 몸조리는 생각할 수도 없었다. 우선 아버지를 숨기는 일이랑, 거듭되는 아버지의 옥바라지까지 다 어머니 차지였다.

　새벽마다 밥을 지어서 젖먹이 막내는 어머니가 업고 짐은 머슴에게 지우고 매일 십리 길을 걸어가며 옥바라지를 했다. 이런 상황에서 어머니가 아기에게 먹일 젖이 나올 리가 없었다. 막내는 미음만 먹고 연명했었다.

　그 후 아버지는, 경찰이신 숙부님이 대구의 영장을 발부받아 대구로 압송해 가면서 죽음을 면할 수가 있었다. 충남 당진에서 형님을 포승해 대구까지 가는 숙부님의 심정인들 오죽했을까? 아버지 또한 얼마나 참담했을까? 아마도 이 시련의 소용돌이를 평생 잊지 않고 살리라 다짐했을 것이다.

　이 소설 같은 부모님의 이야기는 어머니가 돌아가시기 몇 달 전에 내게 처음으로 들려주신 내용이다. 막내에게는 미안하다는 말밖에 할 말이 없다는 속마음과 함께 들려 주신 기막힌 곡절이다. 아무리 힘들어도 앓는 소리 한번 않고 앞만 바라보고 살아온 어머니의 힘든 고백이었다.

　삶의 어두웠던 한 부분은 떠올리기조차도 싫었을 것이다. 입에 담기조차도 싫어서 그저 묵묵히 살아왔을 것이다. 그래도 언젠가는 가슴 속 응어리를 토해내고 싶었을 것이다. 돌아가실 무렵에서야 비로소, 끌어안고 사셨던 무거운 돌을 이렇게라도 부수고 싶었을 것이다.

　끝까지 눈물로 듣고 있던 내가, 어머니는 이 힘든 시기를 어떻게 견디셨냐고 물었더니, "그때 나는 네 아버지가 좋았으니까 다른 길이 뭐가 있었겠니?" 하셨다. 이 또한 처음 들어보는 고백이다. 쑥스러운 웃음을 짓는 어머니의 얼굴이 봄볕처럼 따사로웠다. 그 힘든 시기를 버티어 낼 수 있었던 힘은 결국 사랑의 힘이 아니었을까. 곁에서 붙들어 주는 사랑과 지탱해 주는 믿음이 없었다면 지난했던 그 세월을 어떻게 견딜 수 있었을까.

"엄마, 뭐 하세요? 아빠가 기다리고 계실 텐데…."
 살을 에는 아픔을 디디고 의연히 살아가는 연리목이 더없이 대견스러워, '벼락 맞은 비자나무' 앞에서 한참을 서 있는 내게 딸들이 재촉한다. 그제야 깜짝 놀라 딸들과 함께 숲길로 발길을 돌렸다.
 아니다. 내 가슴 안에는 아직도 부모님이 머물고 계시니, 합이 다섯이다. 삼대가 나란히 놀멍, 걸으멍, 쉬멍….
 온 얼굴에 웃음 가득한 부모님과 함께 거니는 비자림 숲길이 그림 속 같다.
 4월의 봄볕이 우리들의 머리 위로 하르르 쏟아져 내린다.

2부

봄날의
삽화

봄볕 쏟아지는 들판엔
초목들의 한 살이가 다시 시작되고
두릅, 오가피나무의 새순은
하루가 다르게 자라며 아우성을 지르는데….

고부(姑婦)나무

우리 집 앞 사천해변에는 모래밭에서 외따로 자라는 두 그루의 소나무가 있다.

그중 한 그루는 크고 잘생긴 우아한 노송인데, 햇볕도 충분히 받고 주위의 아무런 방해를 받지 않아서인지 나뭇가지가 아주 잘 뻗어 있다. 바람이 불 때면 수없이 많은 침엽으로 솔바람을 일으키는 위세를 부리며 자기를 과시하기도 하고, 떼 지어 날아드는 참새 식구들과 종일 즐기면서 지내는, 보기에도 좋은 나무다.

다른 한 그루는 위의 잘 뻗은 큰 나무 밑에서 그늘을 이고 사느라 기가 죽은 소나무다. 몸은 비틀어져 보잘것없고 더러는 큰 나무에 앉은 새들의 분비물을 어쩔 수 없이 받아 가며 살아야 하는 볼품없는 나무다.

누구의 입에서부터 나왔는지 동네 사람들은 이 나무들을 고부(姑婦)나무라 부르며 웃기도 한다. 정말 겉으로 보기에도 위세 등등한 시어머니와 기가 죽은 며느리 같아 보이는 형상이기도 하다.

　꼬박 한 달 열흘간을 스스로는 한 걸음도 걷지 못하시던 어머님은, 흡사 약속 시간을 기다리는 사람처럼 벽에 걸린 시계를 자꾸만 응시하더니 아무런 말도 남기지 않고 하늘나라로 가셨다.

　어머님은 가슴이 답답하고 숨이 찰 때마다 돌아가신 외할머님을 향해 날마다 죽음을 주문하셨다.

　"아이구 오메요, 날 좀 빨리 데리고 가 주이소."

　작은 몸 하나 마음대로 쓰지 못해 침대 한쪽에서 뒹구는 것이 고작인 삶이, 산다고도 할 수 없는 아프고도 저린 삶이 그저 안타까울 뿐, 나로선 더 고통스럽지 않게 생을 마감할 수 있도록 기도 드리는 것 이외에 아픔을 덜 수 있는 것은 아무것도 없었던 나날이었다.

　어머님이 돌아가신 며칠 후, 강릉에는 기상관측 이래 처음으로 많은 눈이 내렸다. 어디에서 눈구름이 숨었다 내려오는지 마치 하늘 문이 열린 듯 연일 많은 눈이 내리자 도시 전체가 순백의 그림 속에 고스란히 잠겼다.

　사천 바닷가 소나무 숲도 예외는 아니었다. 쌓이는 눈 무게를 견디지 못하고 여기저기서 부러지는 나뭇가지 소리로 숲이 몸살을 했다. 고부(姑婦) 나무 역시 피해 갈 수는 없었던지 두 그루의 나무 중 노송 한 그루가 설해목으로 쓰러지고 말았다. 작은 나무의 위에서 군림하며 아래에서 자라는 나무를 그늘로 덮었던 큰 나무다.

　그런데 특이한 건, 큰 나무가 쓰러진 쪽은 작은 나무쪽이 아닌 반대

방향이었다. 누가 보기에도 아래에서 자라는 작은 나무를 덮으며 쓰러질 형상이었는데 말이다.

저 큰 나무가 정말 제 밑에서 자라는 나무를 보살피느라 무게가 한쪽으로 쏠리게 자라고 있었을까. 다만 몰랐을 뿐이지 큰 나무는 무던히도 애쓰며 자기 밑의 나무를 도와주고 있었던 것은 아닐까.

공교롭게도 이 두 가지 사건이 거의 같은 시기에 이루어졌다는 것은 아마도 자연이 나에게 알려 주는 중요한 깨우침은 아니었을까. 어머님은 날 위해 얼마나 양보했을까. 내 마음속에 그어놓은 어머님과의 평행선은 서로 만나지도 못한 채 세상을 떠나셨는데….

어머님은 늘 우리 큰며느리, 우리 큰며느리 하며 남들에게 자랑하시지만, 마음을 다 열지 못해 성숙하지 못한 나로선 큰며느리라는 고정관념 속에 날 묶어 놓는 말 같기도 하고 남보다 더 큰 그릇이 되길 강요하는 소리 같기도 해서였을까. 그 말이 왜 그렇게도 싫었던지.

그러나 어머님은 이런 내 속을 아는지 모르는지 돌아가실 때까지 날 칭찬하셨다. 밥상 위에 어리굴젓 한 가지만 올라와도

"아유 맛있다. 네가 해 주는 음식이 최고로 맛있다."

어쩌다 작은 아들네를 다녀오면

"난 네 곁에 있는 게 제일 편하고 좋다."

하며 나를 칭찬하지만, 그럴 때마다 난 그냥 못 들은 체하고 돌아서기 일쑤였다. 아니, 어쩌면 듣고 싶지 않은 소리였는지도 모른다. 하지만 그런 마음과는 달리 이미 세상을 떠나신 어머님은 지금도 마주 앉은 듯

소소한 일상 안에서 자꾸만 눈앞에 아른거려 온다.

꼭 내 손으로 깔아 드려야만 앉으시던 식탁 의자 위의 방석에서, 내가 신으면 꼭 끼이는 어머님의 자그마한 슬리퍼에서, 맛있다며 좋아하시던 분홍빛 예쁜 커피잔에서, 문득문득 살아 계신 듯 착각할 때도 많고 곁이 따스해지는 정겨움을 느낄 때도 많다.

그렇지만 깨달음이란 언제나 지나간 후에야 얻는 것. 이미 잘못은 이야기할 수도, 빌어볼 수도 없는 시간이 되고 말았다. 소통, 용서, 이러한 것이 이제는 어머님과 함께 차가운 땅속에서 얼어붙어 영원히 녹을 수 없는 덩어리가 되고 만 것이다.

오늘 저녁상엔 어머님이 띄워주신 청국장을 올려야겠다. 아마도 어머님은 무언중에 청국장의 발효를 내게 가르쳐 주려 하지 않았을까.

발효는 너무 차거나 뜨거울 때는 이루어지지 않는다. 높지도 낮지도 않은 온도에서 스스로 썩혀 발효균을 만들고, 그 썩은 균을 받아들인 인간은 질병으로부터 보호받는 이로운 면역 틀을 만든다고 한다.

사람의 생활도 그러하다. 스스로 썩히는 과정을 통해서 나를 성숙하게 하고 뜨겁지도 차갑지도 않은 묵묵함은, 어느 곳에도 치우치지 않도록 중용이라는 단단한 방어벽을 만들어 나를 보호하는 것 같다. 어머님은 나에게 그 뜻을 가르치기 위해 이렇게 많은 청국장을 띄워 남기고 가셨나 보다.

"어머님, 당신은 마지막까지도 우아한 노송이셨습니다."

잡으시오, 잡으나시오

아버지의 콘서트장엔 관객이 아무도 없다. 하기는 초대장도 없었다.

빼꼼히 열려 있는 방문 사이로 들리는 노랫소리에 마루를 지나다 말고 서서 듣는 10대의 나와, 부엌일을 잠시 멈추며 엉거주춤하게 서서 듣고 계시는 어머니가 청중의 전부다. 그마저도 인기척 소리에 혹시나 노래를 멈출까 소리 죽여 가며 가만히 듣고 있는 장외 청중이다.

아버지 레퍼토리의 시작은 언제나 고향을 그리는 곡부터다. 6·25전쟁이란 큰 혼란을 겪으며 정든 고향 충청도를 떠나 낯선 곳 대구까지 내려와서 살아야 하는 외로움을 달래시는 듯 "고향이 그리워도 못 가는 신세…"를 시작으로 부르고 다음 곡은 "타향살이 몇 해던가 손꼽아 헤어 보니…"를 부르신다.

아무도 없는 방안에서 혼자 벽을 쳐다보며 부르는 나 홀로 공연이다. 밖에서 듣고 있는 나는 점점 숙연해지고, 듣고 있던 어머니는 어느새 술상을 마련해 방으로 디밀어 놓고 나온다.

이윽고 아버지의 콘서트는 절정에 이른다. "아아, 으악새 슬피 우니 가을인가요…"가 들리고 조금의 시간이 흐른 뒤, 이번엔 노랫가락을 부르는 아버지의 흥겨운 장단을 들을 수가 있다.

"잡으시오, 잡으나시오, 이 술 한 잔을 잡으시오…"가 흘러나온다. 약주를 좋아하는 아버지는 어느새 어머니가 들여놓은 약주상에 술 한 잔 부어 놓고 흥이 나서 부르는 곡이다. 참으로 구성지면서도 청아한 가락이다.

그때 그렇게 흥겨웠던 이 곡이 반세기가 훨씬 지난 오늘, 이렇게 아프도록 그립고 그리운 노래가 될 줄 생각이나 했을까….

아버지로선 6·25전쟁이 아픔의 세월이었다. 면사무소 총무였던 아버지는 전쟁이 나자 숨어 지내야 했다. 마당에 있는 낟가리 속에 숨어 지낼 때는 집으로 찾아온 인민군이 긴 칼로 낟가리 속을 마구 찔러대는 위태로운 순간도 있었고 짐승처럼 이리저리 끌려다녀야 하는 수모도 겪어야 했다.

다시 국군이 들어왔으나 옥에 갇힌 아버지는 풀려나올 기미가 없었다. 대구에서 경찰이신 숙부님이 이 일을 알고 대구의 체포영장을 발부받아, 아버지를 대구 경찰서로 넘겨받고 빼낸 덕에 죽음을 벗어날 수 있었다. 숙부님이 경찰의 신분으로 형님을 체포해 대구까지 모셔간 것이다.

그 후 우리 가족은 대구에 정착했으나 아버지의 마음속은 고향을 떠나지 못했던지 아버지의 레퍼토리 1번은 항상 고향을 그리는 노래다. 늦은 밤, 거나하게 술에 취해 들어올 때면 '고향이 그리워도 못 가는 신세…'를 부르는 아버지의 노랫소리가 구두 소리보다 더 크게 들리곤 했었다. 아버지는 그렇게 노래를 부르며 향수를 달래셨다.

고향 마을은 옛 모습을 거의 간직한 채 꽃내음 가득한 봄을 흠뻑 머금고 우릴 반긴다. 오늘 우리는 돌아가신 아버지 어머니를 고향으로 다시 모셔 왔다. 삼십 대에 떠나서 사십 년을 타향에 사시다 돌아가신 후 스무여드레 해 만에 한 줌의 재가 된 넋을 안고 모셔 온 것이다.

오빠도 이젠 연로하고 후손들의 발길도 뜸해질 것 같아, 고향 마을이 내려다보이는 산에 묻어 드리는 것이 넋이라도 위로 해드리는 것 같다는 생각에서 우리 삼 남매가 결정한 것이다.

읍내에서 마을로 들어가자면 길옆에 갈림길을 안고 있는 나지막한 산이 있다. 곧장 가면 우리가 살던 마을로 가는 길이고 오른쪽엔 외가댁으로 가는 길이 꺾어져 있다. 오늘 우리는 이 산에 부모님의 넋을 모셔 놓으려 한다.

산 위에서 바라본 고향은 시간의 속도가 정지된 듯했다. 달빛이 내려와 하얗던 어릴 적 그 신작로랑, 질척대며 우렁이 잡던 논이며 들판도 옛 모습을 고스란히 배어 담은 채 그대로 남아 있다.

참 많이도 돌고 돌아온 귀향길이다. 이제 부모님의 여정은 여기까지가 마지막이 되는 셈이다. 자동차로 네 시간이면 올 수 있는 거리건만 삶의 거리는 참으로 멀기만 했었다. 때론 무너지고 때로는 찢기는 삶에 밀려 마음으론 아무리 달려도 좁혀지지 않던 부모님의 귀향길이, 이제야 한 줌의 흙으로 남기 위해 찾아온 것이다.

우리는 말없이 부모님의 흔적을 땅에 묻고 흙으로 덮었다. 오빠도 동생도 나도 흐르는 눈물을 훔치는 일 외엔 아무 말도 할 수가 없었다. 그리고 술을 한 잔씩 부어가며 영혼을 위로했다. 비록 세상살이에서는 자주 찾아오지 못했던 곳이지만 이제는 저세상 걸음으로 그토록 원하던 곳을 마음대로 다니시길 바라는 마음으로 천천히 부어 드렸다.

나도 술잔을 받았다. 이 순간 아버지의 애창곡 '권주가'가 왜 그리도 그리운지 꼭 불러 드리고 싶었지만 차마 목이 메어 와 입 밖으론 부를 수 없어서 그냥 내 마음속에 아버지를 모시고 이렇게 불러드렸다.

    잡으시오 잡으나시오 이 술 한잔을 잡으시오
    이 술은 술이 아니라 잡고 노자는 경배주라
    이 술을 잡수고 나서 만수무강을 비나이다

아, 이 자리에 청중은 있지만 정작 노래를 불러 줄 아버지는 이미 오래전 저세상으로 가셨으니, 오늘의 콘서트는 무산된 셈인가.

많이도 그립고 그리운 아버지 어머니….

봄날의 삽화

"느그 아버지는 내한테 참 잘했는데…."

봄씨앗 파종하느라 밭을 일구는 우리 내외를 보며 밭고랑에 앉은 어머님은 60년도 넘게 지난 옛적 이야기를 아들 앞에서 또 시작하신다.

"노름에 빠진 느그 할아버지는, 맨날 느그 아버지 이름을 팔아 외상으로 쌀을 사서, 그걸 또 딴 쌀집에 헐값으로 되판 돈 갖고 노름 밑천 하는거라. 그러면 나는 그 쌀값 갚을 때마다 얼매나 속이 상하든동."

어머님은 그때의 일이 또 생각나신 듯, 머리를 절레절레 흔들며 삐죽이 올라온 민들레 어린잎을 만지작거리며 다시 말을 잇는다.

"느그 할아버지하고는 참 많이도 싸웠니라. 그때마다 느그 아버지는 얼매나 딱했겠노? 내 편도 자기 아버지 편도 들 수가 없었을 테니."

"하루는 방안에서 둘이 옥신각신하며 다투고 있는데 밖에서 듣고 있던 이 양반이 갑자기 바케쓰에 물을 한 바케쓰 들고 와서 방에다 쭈루

룩 붓고 또 붓는 바람에 말다툼을 계속할 수가 있어야제."

나는 늘 들어온 이야기였지만 또 흥미 있다는 듯이 하던 일을 멈추고 어머님 곁으로 다가섰다. 어머님은 이제 신이 나서 나를 보며,

"그래 놓고는 이 양반이 나한테 미안했던지 날 달래느라 애를 많이도 썼니라. 하루는 밤중에 날 마당 가로 불러내더니만 내 손바닥에 뭐를 살짝 쥐여주길래 뭔가 싶어서 달빛에 손을 요래 펴 보니 뭣이 반짝반짝하는데,"

여기까지 듣고 있던 나는 다음 이야기를 알기에,

"아이고, 그게 스위스제 부로바 손목시계 아이가!"

하면서, 어머님과 이중창을 했다. 어머님의 얼굴에 모처럼 함박꽃이 활짝 피어오른다. 그래도 쑥스러우신지.

"그뿐인 줄 아나. 일제 양산도 선물로 받아 보고 핸드백도 받아 보고…, 참말로 느그 아버지는 나한테 참 잘했는데…."

수십 번도 더 들어온 어머님의 '부로바 손목시계' 이야기는 마치 오선지 위의 악보를 보며 부르는 노래처럼 매번 똑같은 곳에서 쉬고 똑같은 말로 끝을 맺는다. 50년대 초였으니 그 시대에 남편으로부터 스위스제품 손목시계며 양산, 핸드백 등을 선사 받는다는 것은 상당한 자랑거리였을 것이다. 그 시대 여성으로서는 아무나 꿈꾸지 못할 만큼 상당한 로망이기도 했으니까.

올해로 92세.

오랫동안 해로 하시다가 재작년에 아버님이 세상 떠나신 이후 점점

쇠약해지는가 싶더니, 근래엔 눈에 띄게 기운이 떨어져 겨우내 집 안에서만 지내셨다.

봄이라지만 좀처럼 풀리지 않는 날씨 때문에 오늘같이 햇살 밝은 날에나 겨우 길 끝까지 걸어보는 어머님은, 마음속에 조금씩 아버님이 계신 곳으로 향한 듯, 부쩍 아버님과의 옛이야기를 자주 들려주신다.

이미 많은 세월을 걸어 온 탓에 언젠가부터는 운신조차 힘겨운 기력으로, 향기 나는 젊은 날의 어느 부분에만 정지되어 서성일 때가 많아졌다. 지나온 길은 이미 시작이 보이지 않는 먼 곳까지 왔건만, 기억할 수 있는 날들이 많지 않은 탓인지, 인생이 짧다고도 하고 그날이 엊그제 같다고도 하신다.

가끔은 혼잣말처럼 아주 조용히,
"이젠 내가 정리할 때가 온 것 같다."
라며 쓸쓸한 모습을 보일 때도 있고,
"왜, 아버지가 보고 싶은 모양이지?"
하는 아들의 물음엔 얼른,
"난 느그 아버지 안 보고 싶다. 한 일 년쯤 더 살다가 갈란다."
할 때는 삶에 대한 애착도 마음에 지니신 듯하다.

살아 있음에 죽음을 이야기한다는 것이 결코 무심할 수는 없을 것 같다. 아버님 무덤 옆에 마련된 당신의 차가운 땅을 보는 것도, 당신이 키우고 있는 많은 화분을 정리해야 하는 것도, 봄날보다 먼저 찾아와 마당 가득 채워 주는 천리향의 진한 향이며, 오랫동안 정 들인 동백과 이

별해야 하는 것도, 모두가 슬픈 일인 것 같다.

때때로 어머님이, 군자란은 누굴 주고 제일 좋은 난(蘭)은 누굴 주고 하시며, 이야기 마디마디마다 눈가가 젖어 드는 모습이 보일 때엔 내 가슴이 먹먹해지기도 한다.

밭이랑을 조심조심 건너던 어머님이 몸을 구부려 흙을 만지작거려 본다. 마음으로는 감자도 심고 토란도 심고 다 할 것 같은데도 고개를 숙이니 땅이 빙빙 도는 것 같이 어지럽다면서 일어나 집을 향해 걸음을 옮긴다.

봄볕 쏟아지는 들판엔 초목들의 한살이가 다시 시작되고 두릅 오가피나무의 새순은 하루가 다르게 자라며 아우성을 지르는데, 신산을 겪으며 살아오신 그 용맹은 어디다 버렸는지 밭둑 너머로 걸어가시는 어머님의 지팡이 소리는 힘겹게만 들려온다.

계절의 시작과 인생의 끝을 생각나게 하는 이 순간의 소리가 울림을 주기도 하고 어울리지 않는 불협화음으로 뒤섞여 한참 동안 맴을 도는 내 귓전으로, 노모의 안쓰러운 모습을 애써 외면하며 투덕투덕 밭이랑을 고르는 남편의 삽질 소리가 무겁게 들려온다.

격동의 시기를 기억하며

오늘도 TV 뉴스에는 시위 군중이 엄청나다. 코로나19가 걷잡을 수 없이 번지니 이제는 자동차 시위까지 등장해 광화문광장을 메운다. 예나 지금이나 정치로 인한 아픔을 격렬한 시위로 요구하게 되는 실정이 매우 안타깝다.

이런 광경을 보노라면 가끔 어릴 적 내가 처음 본 시위 광경을 떠올리곤 한다. 아마도 그 무렵 우리 가족이 힘들게 겪었던 시기와 맞물려 있기에 지금까지도 기억에 또렷이 남아 있는 것 같다.

세월을 한참 거슬러 올라 1960년 2월 28일. 일요일. 지금은 '2·28 민주운동 기념일'로 지정된 날이다. 이날은 3월 15일에 있을 대통령과 부통령 선거를 앞두고 민주당 부통령 후보인 장면 박사의 막바지 선거 유세가 대구 수성 천변에서 있는 날이다.

그때 집권당인 자유당 이승만 대통령은 이기붕을 부통령 후보로 내

세웠다. 그러나 민심은 민주당 장면 후보 쪽으로 기울었다. 이를 의식한 자유당 측에서는 고등학생들이 유세장에 가지 못하도록 일요일인데도 등교 지시를 강제로 내려 젊은이들의 반발을 막으려 했다. 학생들은 그 지시를 철회해 주길 요구하였으나 받아들여지지 않았다.

시위의 발단은 여기서부터였다.

부당한 등교에 항의한 경북고등학교 학생회장이 각 학교의 회장단을 전날 밤에 모으고 이 자리에서 대구시의 8개 공립학교 학생도 시위에 동참할 것을 결의했다는 소문까지 돌았다. 고등학생들의 2·28 단체 시위는 이렇게 시작되었고, 이 시위는 4·19혁명을 이끈 도화선이 되었다.

우리 집 부근에는 남자 고등학교가 세 곳이 있었다. 학교 측에서는 강당에서 회충약을 먹기 위해 학생들에게 일요일도 등교하라는 강제 지시가 있었다고 한다. 점심 무렵이었다. 갑자기 도로에서 엄청난 함성이 울리고 구호를 외치는 소리가 들렸다. 놀란 우리 식구들은 물론, 동네 사람들도 이 광경을 보기 위해 거리로 나왔다.

시위에 합세한 고등학교 학생들이 스크럼을 짜고 한 손에 모자를 들어 구호를 외치는 소리였다. 그 함성이 어찌나 큰지 땅울림을 느낄 정도였고, 거리엔 교복을 입은 학생들로 새까맣게 메워졌다. 우리 집 옆의 대구상업고등학교 학생들은 교문이 잠겨 있어 학교 담장으로 넘어오다 담이 무너지기도 했다.

어른들은 서로 수군대며 결국 터질 게 터졌다는 듯이 당연하게 받아들이는 분위기였다. 그때는 '유정 천리'라는 대중가요에 '자유당에 비가 오네, 민주당에 꽃이 피네'라며 노랫말을 바꾸어 부르기까지 했으니, 시위를 저지하는 경찰을 나무라는 사람들이 오히려 더 많았다.

초등학생이던 나는 처음 들어보는 큰 함성과 눈앞의 광경이 얼마나 무서웠던지 담장 위로 고개만 올려 쳐다보고 있었다. 그런 중에도 문득 교과서에서 배웠던 3·1 운동과 광주학생운동이 생각났다. 어린 마음에도 내가 지금 역사에 남을 장면을 보는 것 같은 느낌이 들어 먼 훗날 이 장면을 잊지 않고 이야기하리라는 생각도 했다.

이렇게 시작된 시위는 이후 여러 날을 두고 산발적으로 지속되었다. 자고 나면 자유당 사무실이며 파출소 또 국회의원 집이 시위대에 의해 화재를 당했다는 소식을 듣곤 해서 하루하루가 무서웠다. 이때의 사건으로 인해 우리 가족은 한동안 힘든 시기를 겪었다.

아버지가 다니던 회사는 누에고치에서 실을 뽑아 명주실을 만드는 제사공장이다. 이 회사의 실제 주인은 이기붕이라 했고 규모도 컸다. 회사 안에는 하얀색 대리석으로 치장한 이기붕 별장도 있었다. 3·15 선거에서 이기붕이 부정한 방법으로 부통령에 당선된 후 많은 시위 대원이 별장에 불을 지르겠다고 몰려온 적도 있었다. 그들은 회사 출입문을 부수려고 연장과 돌로 마구 찍어가며 회사 안으로 진입을 시도했으나 대문이 워낙 높고 단단해 결국 무산되었다.

우리는 회사 출입문 바로 옆 사택에서 살았다. 그날 우리 식구들은, 혹여 데모대들이 직원들 사택까지 해를 입힐까 두려워서 집을 비우고 집 뒷밭으로 피해 밤을 꼬박 새우며 지냈다. 나도 쌀쌀한 밤공기와 무서움으로 밤새도록 떨다 집으로 들어갔다.

그후 3·15 부정선거에 항의하는 시위가 전국적으로 번지며 4·19혁명이 일어나자 결국 이기붕은 부통령직을 사임했다. 이후 경무대에 피신해 있던 그의 가족은 장남이 쏜 권총으로 일가족이 자살하는 비극도 일어났다.

이 여파는 아버지가 다니는 회사에까지 영향을 받아 회사는 운영이 힘들어졌다. 해만 뜨면 들을 수 있던 여공들의 웃음소리도 사라졌고 누에고치에서 실을 뽑아 올리던 기계 소리도 멈추었다. 누에의 먹이인 뽕나무 밑에는 풀이 무성했고 텅 빈 잠실(蠶室)은 사택 아이들의 숨바꼭질 놀이터가 되었다.

공장은 켜켜이 먼지가 쌓이고 아버지의 근심도 그만큼 쌓여 갔다. 일제 치하와 8·15광복, 6·25전쟁 등 격동의 시간을 수없이 겪으며 살아오신 아버지로선 직장이라는 의미가 남달랐을 것이다.

대구는 6·25 때 인민군에게 시달려 피란 내려온 낯선 곳이었다. 낯선 타향땅에서 겨우겨우 자리를 잡은 직장이 또 이렇게 되었으니 걱정 또한 이만저만이 아니었을 것이다.

그래서였을까. 아버지는 회사를 살려 달라는 탄원의 글을 청와대에 올리기 시작했다. 정세가 박정희 정권까지 넘어왔을 때다. 대통령 앞으로 회사 사정을 이야기하고 수출할 수 있도록 도와 달라고 했다. 그 일을 필체며 문장력이 좋은 아버지가 붓글씨로 쓰셨다.

회사의 운명과 식구들의 생계가 달린 일이라, 붓을 잡은 손은 얼마나 절실했을까. 결국, 네 번의 탄원 끝에 박정희 대통령으로부터 수출 약속을 받았다. 마침내 공장도 가동되었으며, 부모님 역시 깊은 시름에서 벗어날 수가 있었다.

TV 속 시위 영상은 이미 끝났으나 씁쓸함이 여운으로 남는다. 책가방과 모자를 들고 구호를 외쳐대던 2·28 그날의 학생들과 고개를 숙이며 한 발짝 뒤로 물러서 계셔야 했던 부모님의 얼굴이 겹쳐서 떠오른다.

살아남기 위한 세상의 모든 행위는 시련의 연속이라는 삶의 이치를 알고 난 지금의 내가, 그 시기의 부모님 심정을 유추해 본다. 파도타기를 하듯 아슬아슬한 굴곡을 수없이 겪으셨으리라. 하지만 좌절하지 않고 험한 세파를 이기며 살아오신 내 부모님이다.

시위대가 외치는 정의의 구호 언저리에는 아프게 뒷걸음질해야 하는 누군가의 삶도 있다. 그때의 아버지와 회사 식구들이 아무 잘못도 없이 고개 숙이며 살아야 했던 것처럼. 이들의 손도 함께 잡아 주는 사회를 기대해 본다. 아울러 한계를 극복하려는 이들의 노력은 반드시 가치 있는 내일을 만나게 될 것이라 믿어 본다.

내 부모님의 믿음이 그랬듯이.

늦가을의 소묘

"타닥, 타닥, 타다닥…."
 가마솥에선 메주콩이 아까부터 뜨거운 김을 내며 끓고, 나는 또 한 다발의 콩깍지를 아궁이 속에 디밀어 넣었다. 거센 불길이 일고 콩깍지는 소리를 지르며 타들어 가고 있다.
 메주콩과 콩깍지, 참으로 묘한 인연인 것 같다. 콩이 자라는 시점은 여름이 시작되는 하지에서부터다. 초여름에 싹을 틔워 뜨거운 땡볕을 받으며 모질게 자라 꽃을 피우고 콩을 생산하는 식물이다. 어찌 보면 열매는 자식이고 가지는 어미 같으련만 그 자식 같은 콩을 삶기 위해 지금 콩깍지는 온몸을 사르며 아궁이 속에서 타고 있다.
 자연의 이치도 인간사와 비슷한 것일까. 콩깍지의 타는 모습을 물끄러미 바라보다 갑자기 어느 어머니의 숭고한 모성애가 생각나기에 그런 생각도 해 보았다.

그 어머니는 아들의 등록금을 마련하고자 사방으로 다녔으나 여의찮아서 종합병원 안과를 찾아갔다.

"선생님, 제 한쪽 눈을 좀 팔아 주십시오. 저는 한쪽 눈으로도 살아갈 수 있지만 제가 아들의 학비를 마련하지 못하면 그 애는 영영 두 눈을 뜨지 못하는 소경이 됩니다."

모체란 원래 희생의 제물로 태어난 것일까. 끝없는 사랑은 자기의 희생조차 마다하지 않는 숭고함이 늘 마음에 남는 그 어머니의 이야기다. 불꽃을 보며 잠잠히 생각 속에 있는 동안에도 가마솥의 콩은 무심히 끓고 콩깍지는 아궁이 속에서 아낌없이 몸을 태우고 있다. 인간사의 부모 자식처럼.

우주의 모든 이치가 그러한 듯하다. 비록 스스로가 선택한 일이 아닐지라도, 콩깍지가 타며 콩을 삶는 작은 것까지도 모든 섭리를 사랑으로 이루어지게 빚어낸 조물주의 뜻이 담겨 있는 것 같다.

"후두둑, 후두두둑…"

이번에는 들깨의 빈 쭉정이를 밀어 넣었다. 불은 순식간에 활활 타오르고 고소한 냄새가 가을바람에 섞이며 온 동네를 고소하게 만든다. 쉴 새 없이 끓으며 넘는 메주콩의 구수한 냄새도 함께 어우러져 깊은 가을의 맛을 더해주고 있다.

나는 이 가을이 좋다.

빈 가지를 태우며 코에 스미는 가을 냄새도 좋고, 텃밭에서 여름 찌꺼기를 태우며 고즈넉한 가을을 바라보는 이 시간이 참으로 좋다.

된서리 맞은 호박 넝쿨이 마른 잎을 달고 나무에 매달려 흔들거리는 삭막함조차도 좋고, 휴식에 들어간 빈 밭에 서 있는 옥수숫대 사이로 들락거리는 바람을 맞는 것도 좋다.

희끗희끗한 눈이 산자락에 앉아 있는 대관령의 풍광을 보는 것도 좋고, 이 모든 걸 바라보며 즐길 수 있는 지금의 나는 더욱더 좋다.

"탁, 탁, 탁"

훨훨 타고 있는 불 위에 생솔가지를 얹으니 둔탁한 소리를 낸다. 가마솥 안의 콩도 거의 다 무르고 이젠 뜸을 들여야 할 것 같다. 불길은 생나무에 눌려 주저앉아 버리고 굴뚝을 타고 번지는 메케한 연기가 은은한 생솔 냄새를 안고 하얗게 번진다.

안개처럼 깔리는 자욱한 연기는 저 건너 사시는 할머니 집의 늙은 매화나무를 보여주다가, 가렸다를 반복하며 늦가을 저녁 속으로 흐트러진다.

그리운 내 어머니

대구시 대봉동 97번지.

늘 동경해 오던 옛 거주지를 찾아왔다. 며느리가 곁에서 말벗을 해 준다. 내가 결혼하기 전까지 십여 년을 살았던 곳이라 친정집이나 진배없는 곳이지만, 아파트가 들어서면서 이미 오래전에 사라진 주소다. 그래도 나는 이곳을 '내 어머니의 현주소'라 말할 정도로, 어머니의 반듯한 성정과 삶의 숨결이 고스란히 느껴지는 곳이다.

옛 주소 위에는 옛것이라곤 아무것도 없다. 그럼에도 나는 퍽 능숙하게 시멘트 바닥 위를 이리저리 둘러보며 땅 밑으로 숨은 옛날을 찾아 며느리에게 들려주기에 바쁘다.

"여기는 어머니가 키우던 닭장이 있던 곳."

"여기는 누런 호박이 엄청 많이 뒹굴던 곳."

흙 한 줌 없는 바닥인데도 어머니의 손길로 맺은 열매가 머릿속에 가득하다.

어머니의 자리는 늘 밭둑이었고 닭장이었다. 빈 땅이 보이면 호박이라도 심어 이웃과 나누어 먹을 만큼 부지런하셨다. 어머니는 아버지의 적은 월급을 탓하며 살지 않으셨다. 우리 집 가계는 이렇게 어머니의 부지런함과 수고의 결실 덕분에 모자라지 않게 메울 수가 있었다.

그런 중에도 자라는 우리에겐 얼마나 엄하신지 조금만 잘못해도 회초리를 들었다. 나는 성적이 조금이라도 떨어지면 어머니한테 혼날까 무서워 살그머니 내 방으로 들어가 열심히 공부하는 척하며 순간을 모면 하기도 했다. 그렇지만 그 회초리는 가르침이었다는 것도 어머님 품을 떠나고서야 깨달았으니 난 참 미련한 딸이었다.

어머니에게 자식이란 끝까지 아픈 손가락이라더니, 이렇게 성장시킨 어머니의 회초리는 세월이 한참 지난 후에도 나의 나약함을 일으켜 세워 주는 힘으로 이어졌다.

마흔의 겨울이었다. 그때 우리는 겹친 실패로 경제적 어려움을 겪고 있었다. 집도 사업체도 다 날리고 식구들은 산동네의 단칸방에 살면서, 소송으로 경제적으로 날마다 허우적거리며 힘겹게 버틸 때였다. 그 상실로 인해 내 마음속은 이미 구멍이 숭숭 난 누더기가 되었고, 그 구멍을 기울 실과 바늘은 눈에 보이지도 않았을 때였다.

이 소식을 듣고 서울서 어머니가 내려오셨다.

가진 것 하나 없이 다 날리고 방 한 칸에 세간살이는 겹쳐 놓은 채 애들 셋을 데리고 살면서, 이일 저일 벌이도 되지 않는 일을 하느라 고생하는 딸을 본 칠순 노인의 마음이 오죽하셨을까. 나는 이 구차한 모습만은 정말 보여 드리고 싶지 않았지만, 어쩔 수 없는 상황이라 눈물만 흘리고 있을 뿐이었다.

그러나 물 한 모금으로 목을 축이신 어머니는 퍽 부드럽고 침착하셨다.

"얘야, 살다 보면 누구든지 잘 살 때도 있고 어려울 때도 있느니라. 누구든 다 겪는 일이야, 괜찮아. 이제 지난 건 다 잊고 부지런히 앞만 보고 살면 돼."

고개 숙이고 있던 나는 의외의 말에 놀랐다.

"당장 얘들 뒷바라지가 걱정이구나. 날품을 팔든 파출부를 하든 가리지 말고 일을 하렴. 애들을 위해 하는 노동은 부끄러울 게 하나도 없어."

나도 모르게 어깨에 힘이 가해졌다.

"하지만 일도 안 하고 놀면서 돈 꾸려고 남의 집 대문 드나드는 짓은 하지 말거라. 그 건 후제 너나 자식에게까지도 부끄러운 짓이니까. 남 부끄럽게 살지는 말아야 하지 않겠니."

어머니의 이 말은, 지금의 상황을 어떻게 변명할까를 고민하고 있던 나를 후려치는 회초리였다. 게다가 지나간 일의 어떤 추궁도 원망도 없었다. 여느 어머니처럼 딸을 끌어안고 울고불고하지도 않았다. 일흔 노인네의 이 강한 정신력에 나는 정신이 번쩍 들었다.

'맞아, 우리 어머니는 남들과 달라!'

생각이 스치는 순간, 고였던 눈물이 싹 가셨다. 먼 길 마다하지 않고 내려오신 어머니는, 엎드려 울기만 하는 딸이 되지 말고 일어나 살아갈 길을 찾으라며 당부하고 올라가셨다. 아마도 속정이 깊은 어머니는, 가시는 길을 한없는 눈물로 적시셨으리라.

　세월을 어떻게 살아갈 것이냐의 선택에 따라 삶의 뿌리가 튼튼할 수도, 약할 수도, 썩을 수도 있다. 그날, '고개를 들고 부끄럽지 않게 살라' 하시던 어머니의 당부는 이후 내 삶의 뿌리를 더 튼튼하게 만들어 주는 자양분이 되었다.

　그렇지만 입으로 말하는 고마움이 효도를 대신할 수 없다는 사실은 내 가슴에 지울 수 없는 한으로 남아 있다. 나는 참 못난 딸이기도 했다. 어머니랑 마주 앉아 오순도순 시간을 보낸 적도, 더구나 여행이라고 함께 다녀본 적도, 좋은 옷 한번 사드린 적도 없이 영원한 이별을 한 일은 두고두고 고개를 들지 못하는 부끄러움이 되고 말았다.

　결혼하면 남의 집 식구라는 말로 친정을 외면하고 살았던 내가 지금 와서 무슨 염치로 어머니를 그리워하는지. 세상 어머니들의 "괜찮아." 하는 속마음을 그때는 왜 몰랐을까?

　이제 나는 어머니와 마주했던 그때보다 더 많은 나이로 살고 있다. 삶이 내게 던져준 고초는 그 그을린 조각조차도 아름답게 포장해 채워 가는 나이다. 하지만 이 부끄러운 마음속 공간은 무엇으로 채워야 하나.

　"어머니 보고 싶습니다. 이룰 수 없는 소원인 줄 알지만 한 번만이라도 제 등에 어머니를 업어 드리고 싶습니다. 할 수만 있다면, 아니 다시 태어날 수만 있다면, 어머니의 효성스러운 딸이나 정다운 며느리로 태어나 어머니 곁에서 다시 살아 보고 싶습니다. 사랑합니다, 어머니."

지난날을 회상하며 눈시울을 붉히는 내 손을 곁에 있는 며느리가 잡아 준다. 며느리 보기가 민망해 흐르는 눈물을 감추느라 고개를 드니, 빽빽한 아파트 위로 보이는 파란 하늘이 유리알처럼 깨끗하다.

우리 엄마 옥색 치마만큼이나 깨끗하다.

어머니라는 이름의 사전

김 씨 할머니 별명은 호랑이 할머니다. 생김새도 무섭게 생겼거니와 금전 거래나 사소한 일에도 남에게 절대 지지 않고, 손해를 보는 일은 거의 없을 정도로 억척스러운 성격 때문에 붙여진 별명이다.

할머니에겐 나면서부터 지적 장애가 있는 큰아들이 있었다. 장애아를 둔 부모들 대부분이 그렇듯이, 김 씨 할머니 역시 '내가 아니면 이 아이는 끝이다'라는 신념으로만 살아 오셨다.

돈 없으면 아들의 장래가 불행해진다며 그 아들을 위해서 할 수 있는 일은 무슨 일이든 가리지 않고 하며 아들의 앞날을 위해 준비해 왔다. 자기 집 농사를 지으면서도 난전 장사며 남의 밭 품팔이, 해수욕장 화장실 청소 등 품일 거리가 나서기만 하면 놀지 않고 일을 다녔다.

아들을 혼자 방치할 수 없는 터라, 항상 옆에 끼고 다녀야 하는 어려움이 있지만, 그래도 할머니는 마흔이 넘은 아들을 데리고 다니면서 아들의 분신이 되어 시중을 들곤 했다.

　간혹 아들을 데리고 일터에 오는 걸 탓하는 말을 듣는 날은 사정없이 욕을 퍼붓고 다시는 그 일터에 가지 않을 만큼 아들과 당신은 한 몸이라 여기며 사셨다. 그런 큰아들이 마흔다섯의 나이로 세상을 떠났다. 주위 사람들의 말에 의하면, 아들이 죽자,

　"내 죄가 많아 널 고생 시켰다. 날 용서해라."

하며, 몸부림쳤다고 한다.

　어느 날, 내가 시내버스를 타고 가다가 버스 정류장에 그 할머니가 서 있는 것을 보았다. 내가 탄 버스에 오르지 않기에 다른 차를 타려나 보다 생각하고 고개를 돌리는 순간, 출발하던 버스가 갑자기 급정거했다. 버스 안의 사람들이 앞 좌석에 부딪히기도 하고 바닥에 있던 짐들이 앞으로 확 쏠릴 정도였다.

　모두 무슨 일인가 하고 밖을 내다보고 있는데, 시야에 김 씨 할머니가 들어왔다. 할머니는 웬일인지 어떤 아이와 함께 우리 버스 옆에 넘어져 있었다. 그러다 갑자기 일어나더니 넘어진 아이의 엉덩이를 마구 때렸다.

　"이놈아, 이놈아!"

　할머니의 목소리는 예전의 그 쩌렁쩌렁한 목소리 그대로였다. 거기에 내가 더 놀랐던 것은, 할머니가 큰 소리로 울면서 마을 쪽으로 뒤돌아 가는 것이다.

　"할머니, 안 다치셨어요?"

버스 기사가 묻는데도 손사래만 칠 뿐, 뒤도 돌아보지 않고 동네 쪽으로 그냥 가는 것이다.

그건 아주 순식간에 벌어진 일이었다. 버스 기사의 말에 의하면, 버스가 출발하자마자 어린애가 장난감을 주우려고 몸을 굽혀 버스 앞으로 들어오는 걸 할머니가 끌어당긴 것 같다고 했다.

조금 전 내가 할머니를 봤던 곳에서 이곳의 거리는 약 7미터는 넘을 듯싶었다. 그렇다면 할머니의 체격이나 연세로 봐서 그 짧은 순간에 애를 당긴 것이 아니고, 그 전에 이미 애가 위험할 것 같은 생각에 애를 보호하려고 달려가지 않았을까 싶기도 했다. 다행히도 아이는 무사한 것 같았다.

왜 나는 갑자기 유비무환이라는 단어가 생각났을까. 오랜 시간 할머니의 몸에 녹아든 철칙, '아들의 몸에서 눈을 떼지 않는다.'라는 자세가 오늘 이 어린이를 구한 것 아닐까. 할머니의 마음 안에는 '모성애'라는 이름의 사전이 고목의 아름드리만큼 굵어져 있을 것 같고 그 사전은 늘 살아 있을 것만 같다. 무척 존경스럽다.

아, 진정한 어머니로 나이 든다는 것이 바로 저 모습일까. 할머니의 세월 속에는 얼마나 많은 자식 사랑이 익어가고 있었을까. 뒤돌아서 흔드는 호랑이 할머니의 손사래는, 수백 년 묵어 묵직해진 고목의 가지에서 나부끼는 부드러운 흔들림을 보는 듯했다.

마음의 소리

때때로 우리는 예기치 않은 일로 망설일 때가 있다. 그 일이 나의 일이든 남의 일이든, 크건 작건 간에 어떤 처지와 마주하게 될 때는 선택과 결정의 시간이 요구되기도 한다. 옳고 그름을 가름하는 선택 역시 고민이 따르게 되고, 이것이냐 저것이냐에 따라 결과는 판이한 상황을 맞게 되기도 한다.

수년 전 시어머님의 병시중을 위해 병원에서 지낼 때의 일이다.

우리가 있는 병실은 당뇨나 혈압 조절이 잘되지 않아 치료받는 노인 환자가 대부분인 6인 병실이다. 하루는 혈압 치료가 필요했던 A 할머니가 병실에 입원했다. 과체중에 관절까지 좋지 않아 스스로는 걷기조차 어려운 상태였다. 그러나 먹는 음식의 양은 환자라고 믿기지 않을 만큼 식성도 좋았다.

함께 온 요양보호사가 군것질거리를 잔뜩 들고 와 할머니에게 과일이며 음료수를 계속 드리는데, 주는 대로 다 받아 드신다. 저녁 식사 때는 병원에서 나오는 환자식을 다 비우고도 요양보호사의 김밥까지 맛있다며 더 받아 드시자, 옆 병상 환자가 요양보호사를 나무라기까지도 했다.

할머니에게 끊임없이 먹거리를 제공하던 그 요양보호사는 저녁 약까지 챙겨 드리고는 가야 할 시간이라며, 자기 할 일을 다 했다는 듯이 일어섰다.

옆의 병상 환자가, 걷지도 못하는 할머니를 두고 그냥 가면 어떻게 하냐고 또 나무라니까 조금 있으면 아들이 올 것이라며 그냥 가 버린다. 모두 탐탁지는 않았지만 멀거니 바라보고만 있을 수밖에 도리가 없었다.

밤 9시 이후는 병원의 수면 시간이다. 설핏 한숨이나 잤을까. 잠결에 A 할머니의 목소리가 들려 눈을 떴다.

"빨리 안 오고 뭐 해?"

다급하게 전화 거는 목소리가 건너편 병상 끝에 있는 내게까지 들렸다. 조금 지나 이제는 좀 더 큰 언성으로 다시 전화하는 소리가 들렸다.

"술 마셨으면 택시 타고 빨리 와!"

동시에 '아이고, 아이고'하는 소리가 들리더니 조용해졌다. 뭔가 심상치 않은 생각은 들었으나 나뿐만 아니고 모두 못 들은 척 고요히 누워있다. 이때부터 내 고민은 시작되었다.

'어쩌지? 왜 보호자는 안 오는 거지?'

조금의 시간이 지나고 A 할머니의 부스럭거리는 소리가 들린다.

'아, 어떡해. 옆쪽 병상 보호자가 들여다보려나? 분명 급한 볼일로 저러시는 모양인데 혼자 용변 처리하는 것 아닌가?' 은근히 할머니 옆 병상 보호자에게 기대를 해 보기도 했다. 동시에 앞뒤 헤아리지 않고 가버린 요양보호사 탓도 해 본다.

'거동이 불편해 혼자서는 처리도 못 하는 분인 걸 뻔히 알면서 요량 없는 짓을 하고 가면 어쩌라는 거야.'

순간적으로 머리가 마구 복잡하게 얽혀든다. 그때 갑자기 A 할머니의 왼쪽 병상에서 보호자의 일어나는 소리가 들린다. 친정어머니 간병을 하러 온 50대다. '아, 다행이다. 고맙기도 해라.'라며 안도감에 시름을 내리려는데,

"할머니, 여기서 이러시면 어떡해요. 어휴 냄새야!"

웬걸, 톡 쏘아붙이며 병실 밖으로 휙 나가 버렸다.

순간 나도 모르게 벌떡 일어났다. 주무시는 듯 잠자코 계시던 어머님이 내 손을 꽉 잡는다. 어머님의 마음이야 충분히 알았으나 살며시 손을 풀고 A 할머니 병상으로 갔다.

커튼을 젖히니 냄새가 고약하다. 할머니는 앉아서 이리저리 몸을 틀며 엉거주춤하고 계셨다. 나로서도 퍽 난감했으나 수습은 해야만 하는 상황이다. 아마도 요양보호사가 주는 대로 다 받아 드시더니 탈이 난 모양이다. 오물이 옷이며 침구 여기저기 묻어 있고 상황이 좋지 않았다. 혼자 뒤처리한다고 움직대다 일을 더 크게 벌인 셈이 되었다.

나는 우선 간호사실에 알려 침구와 환자복을 갈아야겠다고 한 뒤, 휠체어에 할머니를 태워 샤워장으로 갔다. 몸집도 크고 거기에 다리도 불편해 휠체어에 오르내리는 것도 여간 힘이 드는 게 아니었다.

12월의 냉기 가득한 샤워장이 환자에겐 좀 춥겠다고 느껴지기도 했으나 어쩔 수 없어 할머니를 목욕 의자에 앉혀 놓고 목욕을 시작했다. 기분이 유쾌할 리가 없다. 속으론 환자를 방치해 둔 가족 원망도 하고 요양보호사의 대책 없는 짓에 화도 났지만, 고개 숙이며 미안해 어쩔 줄 모르는 할머니께는 말도 못 한 채 목욕을 끝냈다.

옷도 갈아입히고 다시 병실에 오니, 병실엔 불이 환하게 밝혀져 있고 모두 일어나 앉아 있다. 그사이 침구도 깨끗한 걸로 바꾸어 할머니는 아무 일 없는 듯이 다시 누울 수 있었다. 수고했다며 다들 내게 인사도 해주고 병실이 조금 전과는 사뭇 다른 분위기가 되었다. 팔이 안으로 굽는다더니 그래도 우리 어머님은 한결같이 A 할머니의 보호자를 원망한다.

자리에 누워 가만히 생각해 보았다. 처음부터 뭔가 잘못된 것 같다는 생각이 들었을 때 재빨리 할머니에게 도움을 주었다면 어땠을까. 옆 병상 보호자가 할 거라는 기대를 접고 망설임 없이 일어났다면 또 어땠을까.

아니다. 보호자가 없다는 걸 알았을 때부터 계속 주시했었다면 이런 일은 없었을 것 아닌가. 이 병실 안에서는 결국 나밖에 할 사람이 없었건만, 나와 상관없다며 모른 척하다가 A 할머니도 나도 힘들었던 게 아니었나 생각된다.

어떻게 판단하고 결정하느냐에 따라서 일이 쉬워질 수도 있고 곤혹스러울 수도 있다. 나만이라도 관심을 두고 빨리 대처했더라면 쉽게 조용히 끝날 수도 있었을 텐데 하는 아쉬움이 남기도 했다. 결국, 내가 내린 선택의 잘못도 한몫했다는 자책으로 결론을 내리며 잊기로 했다.

잠을 청했으나 쉬이 잠이 오지 않아 한참을 이리저리 뒤척이는데, 발끈하고 나갔던 50대 보호자가 살그머니 문을 열고 들어온다. A 할머니의 보호자는 그 밤이 다하도록 끝내 나타나지 않았다.

남애 할머니와의 대화

며칠간 노인 장기 요양원에서 치매 노인 수발 실습을 해 볼 기회가 있었다. 내가 찾아간 곳은 노인성 질환으로 인해 침상 위에 누워서 지내는 환자와 치매 어른들이 대부분인 요양원이다. 내가 배정받은 곳은 치매 할머니가 대부분이라, 평소에 겪어보지 못했던 것까지 경험해 본 보람된 시간이기도 했다.

증상도 각각 달랐다. 아들과 함께 찍은 사진을 보며 누구냐고 물으면 "우리 둘째 딸."이라는 할머니, 종일 밥 달라고 조르는 할머니, 보따리 싸고 풀기를 온종일 하는 할머니, 집에 가겠다며 보따리 쥐고 엘리베이터 앞에 앉아있는 할머니 등등 갖가지 형태의 치매 노인들이다.

우리가 할 일은 주로 이 할머니들에게 말벗을 해 드리는 일이었다. 내가 주로 함께한 할머니는 남애 할머니인데, 강원도 남애에서 사셨던 것 같아 그렇게 불렀다. 겉으로 보기에는 치매 상태가 그다지 심하지 않아 보이지만, 그분 역시 똑같은 치매 노인이다.

  나는 틈틈이 할머니에게 다가가서 말벗을 해 드리곤 했다. 말벗이래야 인지가 떨어진 할머니가 되풀이하는 말을 상대하며 들어주는 것이 고작이지만, 이곳에 근무하는 직원의 말에 의하면, 할머니들에겐 즐거운 시간이라고 했다.

  "선생님, 제 신발 좀 찾아 주세요."

  "할머니, 신발 신고 어디 가시려구요?"

  "집에 가야지요. 어머니가 날 기다리고 계실 텐데."

  "어머니가 보고 싶으세요?"

  "보고 싶고말고요. 빨리 가 봐야 하는데…"

  이 대화는 나와 종일 이어지는 일상적 모습이다. 보고 싶다는 말 뒤엔 어김없이 따라붙는 말도 똑같아서 모두 외울 정도다.

  "우리 아버지는 일찍 세상을 떠나시고 어머니 혼자 머슴 데리고 농사 지으며 딸 둘을 키우셨어요. 아들도 학교에 못 가던 시절인데, 우리 어머니는 딸 둘을 남애국민학교에서 공부하게 했을 때, 우리는 학교에 안 가겠다고 어머니를 붙들고 울었어요. 그래도 어머니는 배워야 한다며 억지로 학교까지 데려다 주고 학교 마치고 집에 오면 감자도 삶아 먹여 주고 옷도 입혀 주셨는데…."

  흡사 정상적인 대화처럼 긴 이야기를 또박또박 잘도 하지만 이 이야기 역시 낱말, 존댓말 하나 바뀌지 않고 이어지는 단골 이야기다. 그러곤 또 "어머니가 날 얼마나 기다리실까, 빨리 신발 찾아 주세요."부터 시작해, 또다시 처음 했던 이야기가 계속된다.

더러는 포기한 듯 가만히 있다가도 나만 보면 주위를 한번 두리번거리다가 또다시 불안한 모습을 하며 신발 찾아 달라며 조른다.

남애 할머니는 노래도 참 잘했다. 내가 할머니의 두 손을 잡고서 옛날 노래 '연분홍 치마가 봄바람에 휘날리더라.'를 부르기 시작하면, 다음 가사인 '오늘도 옷고름 씹어가며 / 산 제비 넘나들던 성황당길에'를 따라 부른다. 할머니는 음정이나 가사 한자 틀리지 않고 잘 따라 부른다.

크게 하라고 주문하면 좀 더 큰 소리로 열심히 부르고 가사와 음정도 정확하게 기억한다. 오히려 나는 알지를 못해 얼버무리는 2절 가사까지도 생생히 잘도 기억하고 있어 모두의 박수를 받기도 한다.

옆에서 듣고 있던 현주씨가 신기한 듯, "할머니 지금 몇 살이지?" 하고 물으니 "서른여섯 살." 하며 애들처럼 손뼉을 친다. 이 할머니의 오전 나이는 마흔셋이었다. 올해 여든넷인 할머니 나이는 물을 때마다 이렇게 바뀐다. 낯설지만 우리는 이렇게 저렇게 정이 들어가고 있었.

신발에 대한 애착심은 훨훨 날며, 달리며, 당당히 걷고 싶다는 잠재의식 속에서 온 것은 아닐까. 건강하게 오래 산다는 것이 축복이라면, 몸이 자유롭지 않은 채로 또는 치매로 살아가야 하는 가혹함은 그럼 무엇인지.

저 할머니도 뛰어놀던 어린 날이 있었고 달리던 청춘이 있었으며, 앞뒤 돌아보지 않고 일하던 장년이 있었을 게 아닌가. 삶의 곰삭은 거름을 자손에게 내려주지 못하는 노년이 그저 안타깝기만 하다.

설령 그 세월이 눈물이었고 그 눈물은 고통이었을지언정 자신을 의

식하지 못하는 지금 이 자리보다야 낫지 않았을까. 한 치 앞도 알 수 없는 게 인간사인데, 나라고 어느 때 저곳에 앉아 신발을 지키지 않을 거라는 장담을 감히 할 수 있을까.

오늘 나는 며칠간의 일정을 끝마치고 노인 장기 요양원을 나왔다. 왠지 서운해서 그냥 돌아서지지 않아 한참을 서성이기도 했다. 비록 존재하는 신발이야 아니지만 내 마음을 담은 '마음속 예쁜 꽃신' 한 켤레씩을 할머니들의 마음속에 안겨 드리고 싶어 앞앞이 고개 숙이며 정중하게 인사드리고 나왔다.

"할머니, 비록 몸은 자유롭지 못하지만, 마음만이라도 예쁜 신발을 신고 훨훨 자유로이 다니시길 간절히 바랍니다. 상상 속이 아니라 우리와 꼭 같이 세상 속에 함께 걸어 다닐 수 있는 기적이 일어나길 바라는 게 제 진정한 마음이랍니다. 부디 사시는 날까지 이보다 더 나쁘지 않게 사시다 편안히 가셨으면 좋겠습니다."

그나마 인지가 있는 어르신들은 눈물을 보이기도 하지만, 남애 할머니를 비롯한 어르신 대부분은 그냥 멀뚱히 바라보기만 하는데, 그 눈들을 뒤로하고 엘리베이터에 오르니 주체할 수 없는 눈물로 고개를 들 수가 없었다. 짧은 기간이었지만 그동안 무척이나 연민의 정이 스며들었던 모양이다.

아마 나는 이곳에서 만난 남애 할머니의 지워진 시간에 대하여 오래도록 아프게 간직할 것 같다. 그리고 함께했던 여러 가지 일들을 기억하며 늙고 병드는 것에 대한 많은 생각에 잠길 것 같다.

스케치
- 76병동에서

 최근 몇 달 동안 남편의 건강 문제로 병원에 입원과 퇴원을 거듭했었다. 다행히 남편은 건강을 다시 회복할 수 있었던 소중한 시간이었다. 나 역시 같은 아픔을 겪는 사람들을 통해 마음을 위로받기도 했고, 그 가운데서 나를 돌아볼 수 있었던 귀한 시간이기도 했다.
 K대학병원 76병동이다. 86세의 할아버지 환자가 남편과 같은 병실에 입원했다. 이미 말문을 닫은 상태고 호흡은 산소마스크에 의지하는 환자다.
 조금 뒤 간호사들이 환자를 관찰실로 부산스레 옮겨가고 복도에선 연명치료에 관한 의논을 하는 듯 가족들이 모여 웅성거린다. '아, 임종을 앞둔 환자구나.'를 느끼는 순간 무거운 공기가 병실을 어둡게 만든다.
 관찰실로 옮겨진 환자는 얼마 후 산소마스크가 제거되고 환자 스스로 호흡을 한다. 금시라도 명을 달리할 것 같던 환자는 이틀이 지나도록 깊은 잠에서 깨어나지를 못하고 겨우 물 몇 모금 마시는 것도 힘들어 한다.

 임종을 기다리던 자녀들은 지루해진 듯, 스마트폰으로 시간을 보내는가 싶더니, 급기야 병실 밖으로 웃음소리까지 흘러나온다. 이 소리가 이웃 병실의 환자와 보호자의 마음을 매우 불편하게 했지만, 아랑곳하지 않는 웃음소리는 시간이 지날수록 점점 더 정도가 심해진다. 불과 이틀이 지났을 뿐인데.

 가족들은 임종이라는 무거운 시간을 접어 두고 다시 일상으로 돌아가는 듯하다. 그저 삶의 예정된 수순을 아무렇지도 않게 기다리고 있는 것처럼 극히 평범하다. 참 아이러니하다. 병상 위의 할아버지는 긴 시간 자녀들에게 그늘을 만들어 주는 큰 나무였을 텐데 말이다.

 그런데 저들을 바라보는 시선 속에 나의 지난날이 보인다. 모두가 눈살을 찌푸리는 저 가족들의 모순이 미련했던 내 모습과 너무도 닮아 있다. 시어머님 임종 때의 내가 바로 저 모습이었으니.

 어머님은, 어머님의 어머니에게 어서 데려가 줄 것을 주문하며 벽에 걸린 시계를 수시로 응시하셨다. 말문을 닫은 듯 말씀도 거의 없었고 음식도 억지로 넘기다 다시 뱉어 놓던 그 며칠간. 묵시적으로 임종의 시간이 가까워진 것을 짐작했을 그때 며느리인 나는 어땠는가. 삶과 죽음의 경계선에 서 계신 어머님에게 주어진 며칠이라는 시간을 옆에서 지키던 나는.

 어머님 지금 얼마나 힘드시냐고. 어머님, 제가 잘해드리지 못했던 것다 용서하시라고. 마음속에 남아 있는 아픈 기억 다 내려놓고 편안하게 주무시라는 말 한번 제대로 해 본 적도 없지 않았나. 어머님은 어렵고 힘든 시기를 슬기롭게 잘 이겨내신 분이라는 그 쉬운 말 한번 않고 영혼 없는 일상만 달리던 내가 지금 저 보호자들과 무엇이 다른가.

어머님이 침대 위에서 밤새 고통을 참지 못해 몸부림치며 온 기운을 다 쏟을 때까지 나는 아무것도 모른 채 내 잠자리 속에서 잠자고 있지 않았나. 돌아설 수도 없는 길 끝에 서 계신 어머님의 아린 가슴을 헤아리기나 했었는지 기억에도 없는 나다.

의사의 사망 선고가 떨어지자마자 그제야 기다렸다는 듯이 좋은 곳에 잘 가시라며 눈물 흘렸던 나. 그것도 잠시뿐, 온 사방으로 전화하며 산으로 모셔갈 장례 절차에 더 열중하지 않았었나. 지금 저 할아버지의 보호자들에게 보내는 따가운 시선과 조용히 해 달라는 간호사의 당부가 비수처럼 나를 찌른다.

76병동의 엘리베이터 문이 열리고 망자를 옮겨갈 병상이 올라왔다. 간밤에 할아버지는 가족들이 잠든 사이 하늘의 부름을 받고 조용히 떠나셨다. 가족들의 애달픈 울음소리가 복도에 깔린다.

그것도 잠시, 종교 의식을 간단히 마친 망자의 병상은 다시 엘리베이터 문을 열고 안치소로 향한다. 지루해 하던 가족들은 아마도 망자의 부음을 보내고 장례 준비를 하느라 지금부터 바빠질 것이다. 흡사 이전의 나처럼.

멀찍이서 이 광경을 지켜 보고 있는 사람들이 눈물을 훔치기도 한다.

착잡한 생각들을 안고 지켜 보던 나도 고인의 명복을 마음으로 빌었다. 이곳 76병동은 이래저래 삶과 죽음의 갈래를 만날 수밖에 없는 곳이다.

이제 나도 죽음이란 단어가 생소하지 않을 만큼 세월의 길을 참 많이도 걸어 왔다. 내 시간의 끝은 어느 곳일까. 수많은 눈이 지켜 보는 병원은 아니었으면 좋겠다. 그렇다고 홀로 맞이하는 고독한 죽음은 더구나 아니길 바란다. 하지만 삶이 무엇 하나 마음먹은 대로 되는 게 없었는데 하물며 죽음에서랴.

하지만 나에게도 소망은 있다. 내가 살던 강릉 사천 바닷가, 그 모래밭 위에 내 잔재가 묻혔으면 좋겠다. 소나무 사이로 넘나드는 솔바람 소리와 새들의 지저귐이 영혼을 위로해 주는 곳에서, 파도를 따라 고요히 바닷물에 스며들고 싶다.

이기적인 인간이 망자 앞에서 또 이렇게 욕심을 부려 본다. '황동규 시인'의 시 「집보다는 길에서」가 생각나는 날이다.

3부

쑥스러운
고백

더러는
달빛이 하얗게 내려온
새탯말 신작로에서
밤새 그림자 밟으며
달빛과 놀다 오는 것처럼….

못 말리는 형제들

　남편은 글씨를 반듯하게 참 잘 쓴다. 나만 인정하는 게 아니고 모두 입을 모아 잘 쓴다고 하니 잘 쓰는 건 분명하다. 펜글씨, 붓글씨 모두 다 잘 쓴다. 지금에서야 생각해 보니, 어쩌면 그 글씨로 인해 나와 그이의 56년이란 부부의 연이 시작되었는지도 모를 일이다.
　처음 클래식 음악감상실을 친구와 함께 찾았을 때다. 감상실 안에는 음악이 흐르고 있고, 그 음악의 곡명은 무대 앞 칠판에 적혀 있었다. 나로선 처음 듣는 곡인지라, 자연스럽게 곡명을 적은 칠판에 눈길이 갔다.
　베토벤 현악 3중주 Op 8 '세레나데' 2, 3악장.
　그런데 곡명보다 더 관심이 가는 게 글씨체였다. 흘려 쓴 글씨 같은데도 가지런하고 또박또박 쓴 글씨체다. 단박에 시선을 끄는 글씨였다. 친구와 나는 이 글씨로 인해 이 곡을 좋아하게 되었고, 음악감상실에 갈 때마다 이 곡을 신청해서 감상하곤 했다.

시간이 지나 글씨의 주인공이 나랑 서로가 얼굴을 익힐 즈음에는 이 음악을 자기 나름의 느낌으로 해설하며 나에게 감상법을 덧붙여 주는데, 그 또한 글씨만큼이나 마음에 들도록 설명을 해 주었다. 그 후 나는 음악실을 자주 드나들었고, 결국은 그이와 결혼까지 하게 되어 음악감상실 가족이 되었다.

그런데 그이는 어디서도 글씨 잘 쓰는 티를 내지 않는다. 심지어 우리 애들까지도 글씨 때문에 애태울 때가 많다. 독실한 기독교 신자인 며느리는 시아버지의 글씨를 간직하고 싶어서 성경책까지 선물하며 성경 필사를 원했었다. 그런데도 감감무소식이라, 손자에게 줄 잠언이라도 필사해 달라며 간청하기까지 했다. 그건 그래도 며느리 요청인지라, 미국으로 가는 손자의 짐 속에 할아버지가 필사한 잠언 노트 한 권을 얌전하게 누일 수가 있었다.

큰딸은 답답한 나머지 아빠 돌아가시기 전에 무언가 남겨야겠다며 컴퓨터 글씨체 '온글잎'에 신청해 '이정남체'를 지난해에 만들어 놓았다. 그러나 그건 궁여지책이었을 뿐, 자필과는 차이가 있어서 쉽게 쓰지는 못하고 있다. 그래도 나는 그나마도 위안으로 삼고 가끔 활용하는 편이다.

이렇게까지 글씨를 좀처럼 쓰지 않는데도 남편 형제들은 형님이 국어 교과서를 필사했다는 설화 같은 이야기를 자주 하며 웃는다.

형제 중 넷째 이야기다. 넷째는 밑으로 여동생이 둘이나 있어도 자기가 막내라며, 언제나 막내 행세를 한다. 어릴 때도 그랬던 모양이다. 넷째가 초등학교 저학년 때 국어 교과서를 잃어버린 적이 있었다. 막내가 국어책 없이는 학교엘 가지 않겠다고 생떼를 쓰자, 식구들이 총동원해서 헌책방을 다니며 구하려고 했다. 그러나 초등학교 국정교과서가 헌책방에 있을 리가 없다.

"우리가 만들자!"

누가 먼저랄 것도 없다. 의기투합한 형제는 그때부터 작업을 벌였다. 맏이는 책 내용을 국어책과 똑같이 도화지에다 베껴 쓰고, 책에 그려진 삽화는 둘째가 그려 책을 완성했다고 한다. 그것도 매우 흡족할 만큼 잘 만들었다고 한다. 남편은 그때 대학생이고 둘째인 시동생은 고등학생이었다.

형들이 합작으로 만들어 준 국어책을 트집쟁이 넷째가 학기 내내 가지고 다녔다는 것만 봐도 아마 부끄럽지 않게는 만들어졌던 모양이다. 다만 형들이 만든 책의 두께가 얼마나 두꺼운지 산수, 사회생활, 자연, 음악책을 다 보탠 것보다 더 두꺼웠다고 한다.

당연히 그럴 수밖에. 앞뒤 양면에 인쇄된 교과서를, 도화지에는 한쪽 면만 쓰고 그렸을 것이고, 종이 두께도 달랐을 터이니, 당연히 두꺼울 수밖에. 상상만 해도 웃음이 나온다. 그걸 만드는 동안 집안은 또 어땠을까. 찢어 놓은 종이며 물감을 여기저기 어질러 놓고도 얼마나 깔깔대며 재미있어 했을까. 참 못 말리는 형제다.

그런데 이 형제들의 책 필사는 여기서 끝이 아니다. 남편의 바로 아래 동생, 둘째가 방학 숙제 문제집 '방학 생활'을 잃어버린 일이 또 있었다. 이때 역시 남편이 펜글씨로 '방학 생활'을 그대로 옮겨 써서 완성했다고 한다.

방학이 끝나고 베낀 책을 제출했더니, 담임선생님의 놀라는 눈이 야구공만큼이나 휘둥그레지며 무조건 만점을 주더라고 한다. 잔잔한 글씨를 얼마나 잘 썼는지 선생님이 탄복까지 했다고 한다. 시동생은 형의 그때 글씨를 지금까지도 칭찬한다.

형들의 이런 이야기를 듣던 셋째 이야기 또한 만만치가 않다.

"나는 아버지한테 책값 받아서 띵가묵고, 부기 시간에 책 없이 앉았다가 선생님께 매까지 맞았어요. 아무래도 안 되겠다 싶어, 나도 부기 책을 내 손으로 만들어서 가지고 다녔는데 내가 더 잘 만들었어요."

실업고등학교를 다녔던 셋째가 그동안 숨겨 왔던 지난 일을 지금에서야 실토한다. 나는 이런 이야깃거리가 있는 우리 가족을 참으로 사랑한다.

이렇게 말썽부리며 자란 형제들이지만 사회인으로, 가장으로, 다 자기의 자리를 지켜가며 열심히 잘 살아왔다. 특히 동생 국어책에 그림을 그렸던 둘째는 미술대학 교수로 정년을 마쳤으며, 그 밑의 자손까지 미술을 전공해 후학들을 가르치고 있다. 역시 어릴 때부터 뭔가 달랐던 모양이다.

그렇다면 글씨 잘 쓰는 나의 남편은 글씨로 남긴 게 무엇이지?

남편이 어릴 때 숙제하는 옆에는 언제나 아버님이 계셨다고 한다. 혹여 아들이 숙제하다가 졸면서 글씨를 조금이라도 삐뚤게 쓰면, 펌프로 자아올린 차가운 지하수로 머리를 씻겨가면서까지 글씨를 바르게 쓰라고 하셨단다.

 그런데도 고명한 그 글씨로 남긴 자취는, 동생들이 잃어 버린 책 필사한 것 말고는 특별히 기억나는 것도 없다. 전공도 공대 기계과 출신이다. 결국 아버님은, 아들 글씨에 반한 나를 맏며느리로 만나기 위해 그렇게 키우셨다고 봐야 하나? 남편의 일생에서 가장 남을 만한 일은 나와 결혼한 것이라던데….

아버지 우리 아버지

대구에는 동촌유원지가 있다.

그 앞으로는 금호강이 흐르고 강물 위로는 오래전부터 케이블카까지 달려 있다. 놀이터가 흔하지 않던 옛날 대구 시민들에겐 퍽 인기 있는 유원지이기도 했다. 봄에는 꽃놀이로 손꼽히는 곳이고 여름엔 물놀이로, 가을엔 소풍, 또 겨울엔 꽁꽁 얼어붙은 강에서 스케이트를 타던 곳으로 시민들에게 많은 사랑을 받던 곳이다.

우리 내외가, 노환으로 몸이 불편하신 아버님을 강릉 우리 집으로 모시고 가는 중이었다. 이 강을 건너는 아양교 다리를 보자 뒷좌석에 조용히 계시던 아버님이 갑자기 차창 밖으로 고개를 내밀며 놀란 듯 말씀하셨다.

"여기가 동촌 아이가? 느그들 놀던 데가 어데고? 어이구, 이렇게 변했나?"

정돈된 강변 따라 높은 건물이 즐비하고 수많은 상가 건물에 적이 당황스러운 듯 두리번거리셨다.

"예, 아버지. 참 많이 변했지예?"

운전석의 남편은 그저 덤덤한 듯 대답을 했지만, 나는 그 옛날 어느 시간 안에 들어가 있는 남편의 눈을 읽을 수가 있었다.

우리 가족들은 명절이나 모임이 있을 때면 빠지지 않는 이야기가 있다. 남편 역시 어린 시절 이야기를 할 때면 항상 들려 주는 이야기다.

"우리가 어릴 때, 아버지는 우리를 모두 동촌에 데리고 가 달리기를 시키며 같이 놀아 주셨는데…"로 시작된다.

아마도 아버님은 음악감상실과 주택이 한 건물에 붙어 있으니까 학교 다녀온 아이들이 영업장 안에서 앉아 노는 게 좋아 보이지는 않았는지도 모른다. 음악 감상실은 어머님께 맡기곤 학교에서 돌아오는 아들딸들을 모두 데리고 동촌 강가에 가서 함께 놀아 주셨단다. 무려 4km나 떨어진 곳이라, 소풍 가는 것처럼 달뜬 기분으로 따라나섰다고 한다.

"아버지의 주문은 늘 달리기였지. 상품이래야 건빵 한 봉지로 우리 남매들에게 나누어 주는 게 고작이었지만, 우린 그 건빵을 더 얻어먹으려고 얼마나 기를 쓰고 달렸는지 몰라."

50년대 후반쯤이니까 모두 먹고 사는 것만 해도 벅찬 때였으니, 건빵 한 봉지의 위력이 그만큼 크기도 했겠으나, 그것보다도 아이들은 아버지가 자기들과 함께 놀아 준다는 데에 더 신이 났었는지도 모른다.

그 시절 아버지들의 대부분은 가부장적이었고 엄하기만 해서 아버님처럼 애들과 놀아주는 집은 거의 없을 때였으니까.

"그때 우리 아버지는 마흔도 안 된 젊고 건장한 청년이었는데, 아버지는 친구를 찾거나 술집 드나드는 일은 가까이 않으셔도 우리랑은 늘 가깝게 계셨지. 난 이런 아버지를 항상 자랑해 왔었어."

"나뿐만 아니고 우리 남매들은 아마 그때 달리기 하고 상으로 받았던 건빵의 기억은 평생 잊지 못할 거야."

참 아름다운 광경이다.

나는 이 이야기를 들을 때마다 동화책 속에서나 있을 법한 식구들의 그림을 머릿속에 그려보곤 한다. 건장한 아버지와 그 주위를 맴도는 올망졸망한 아들과 딸들. 서로 아버지의 손을 붙잡겠다고 밀쳐 내는 모습들.

때로는 큰 소리로 노래를 부르기도 했을 테고, 때로는 아이스케이크를 사 달라고 졸라대며 따라갔을 테지. 아카시아 흐드러진 5월엔 아카시아 잎을 따서 가위, 바위, 보를 해가며 지났을 테지. 그때 이 가족들이 지나는 동촌 강가는 또 얼마나 시끌벅적했을까.

그로부터 수십 년의 세월이 흐른 지금.

항상 앞에 서 계셨던 건장한 청년의 모습은 온데간데없고, 늙고 쇠약해진 몸을 자식의 손에 의지해야 하는 초췌한 노인으로 이렇게 뒷좌석에 힘없이 앉아 계신다. 앞서 가던 그때를 그리워하는 걸까. 세월의 무상함을 생각하는 걸까. 알 수 없는 쓸쓸한 빛이 굵게 파인 눈자위에 그렁그렁 번지고 있다.

곱게 늙으셔서 멋있다고 생각했었다. 잘생긴 얼굴이 흰머리와 참 잘 어울린다고도 했었다. 그러나 그건 영혼 없는 말로 포장해 놓은 소리일 뿐, 해서는 안 될 소리였다. 늙었다는 말은 영광도 찬사도 될 수 없다는 걸 이제야 깨닫게 되었다. 아버님의 젊은 날, 그 정지된 시간이 영원할 수만 있다면 지금 이 나이 듦이 저렇게 쓸쓸한 빛으로 다가오지는 않으련만.

문명의 바람에도 아랑곳하지 않고 동촌의 금호강물은 여전히 구불구불 흐르고 있다. 90년을 살아오신 아버님의 굴곡진 인생 주름처럼.

잠시 멈춰 서서 강물의 흐름을 지켜 보던 우리는 다시 갈 길을 재촉하며 강릉을 향해 달린다. 정들었던 날들을 하나씩 추억하며 황혼이 내려앉아 어둑해지는 강물을 뒤로 또 뒤로 밀면서 자꾸만 달려가고 있다.

그리운 날은 다 지나가고

"막내야! 가서 술 받아 오너라."
 아버지는 늘 술 심부름을 막내에게 시키셨다. 대여섯 살이나 되었을까 했던 동생은 좋아라며 알루미늄 주전자를 받아 쥐고 달려 나간다. 한참 후 막걸리 반 되를 받아와서 아버지 앞에 내밀며,
 "아버지 여기."
하는 동생의 입에서는 막걸리 냄새가 풍기고,
 "예끼, 이년!"
아버지 입에서는 웃음이 번지곤 했다.
 하얀 얼굴, 약한 다리, 해를 볼 땐 언제나 한쪽 눈을 찡그리며 눈부셔 하던 내 동생. 길 건너 저만치에 붙어 있는 술집으로 잰걸음 치며 달려가는 모습. 조그만 손에 움켜쥔 반짝이는 주전자. 갈색 파스텔화를 보는 듯 은은하다. 어쩌면 이렇게도 정겨울까.

그때의 그 울퉁불퉁하던 회색빛 거리와 어린 기억 속 장면들. 술 가게의 거뭇한 흙벽에 걸려 있던 찌그러진 술 주전자, 술독 안을 휘휘 젓던 술에 젖은 바가지, 술 항아리 주변의 검고 질퍽한 바닥의 기억까지. 다 그리운 곳이다.

부모님과 언니, 오빠, 나와 동생이 한 식구로 살았던 곳, 대구시 삼덕동 골목 안 풍경이다. 전쟁으로 인해 고향을 뒤로하고 내려온 우리 식구가 타향에 첫발을 디뎠던 곳이다. 언니의 결혼식도 이 골목에서 치렀다.
가끔 나는 이 빛바랜 수채화 같은 골목 안 풍경이 몹시 그리울 때가 있다.
힘들게 살다가 세상을 떠난 언니의 일생 중 가장 행복했던 모습이 여기에 있고 또 언니가 잘 부르는 노래 '봄날은 간다'가 들리던 곳, 그리고 들꽃 같은 내 동생이 있고, 이른 봄날 같은 내가 여기에 있기 때문인지도 모르겠다.
오래된 흑백영화의 필름처럼 희미한 날들의 기억이 흩어진 조각이 되어 머릿속을 스쳐 지나간다. 고된 세상살이도 가슴앓이도 알 리 없는 천진스럽기만 하던 그날의 기억들이.
그러나 다시는 돌아갈 수 없는 날. 분홍색 유똥 치마저고리를 입었던 단발머리의 나는 이미 백발의 할머니가 되었고, 그리운 그 봄날은 멀리, 아주 멀리 봄바람 따라갔다. 세월은 지우개로 모든 걸 흐릿하게 지워 가는데, 그리운 날은 왜 더 또렷해지는지….

그때 신천에서는

어릴 때 우리는 대구의 신천 부근에서 살았다. 어머니가 냇가에 빨래하러 갈 때면 내가 늘 빨랫방망이를 들고 뒤쫓아 다니던 곳이다.

놀 것이래야 기껏 돌멩이로 집짓기나 하던 때였으니, 모양새인들 오죽했을까. 그냥 통치마에 단발머리를 하고 코고무신을 신고 다니던 보잘것없는 날들이련만 무엇이 그리도 애틋한 그리움으로 남아 있는지, 지금도 가끔은 어린 날의 길 위에서 발을 떼지 못할 때가 있다.

내 기억 속의 신천은 늘 아름답고 평화로운 그림으로 살아 있다. 그 신천은 방천이 있는 냇물이었을 뿐인데, 아직 어린 나의 눈에는 크고 넓은 강처럼 보였다. 냇물에 노는 물고기가 환하게 보여 손으로 잡을 수 있을 만큼 맑았고, 여자애들은 코고무신 한 짝을 다른 한 짝에다 구겨 넣어 돛단배를 만들며 놀다가 사내애들이 잡아 주는 물고기를 고무신에 담아서 다니기도 했다.

물이 깊은 빨래터에서는 빨랫방망이 두드리는 소리가 쉴 새 없이 들리고, 냇가 자갈 위에는 누런 광목이 한나절 내내 기다랗게 누워 햇볕 바라기를 했다. 하얗게 쏟아진 햇빛이 바늘처럼 물 위에 꽂히며 반짝일 때는 광목도 냇물도 심지어 자갈까지도 온통 빛나는 하얀색이 되어 눈이 부시곤 했다.

상류 쪽 빨래 삶는 곳에서는 커다란 가마솥 여러 개가 걸려 있고 품일을 하는 아주머니들이 진종일 양잿물 냄새를 맡으면서 빨래를 삶았다. 그 아주머니들은 흐르는 땀을 머릿수건으로 연신 닦아대는데도 적삼은 늘 땀으로 누렇게 젖어 있었다.

건너편 염색하는 곳에는 드럼통을 잘라 만든 염색 통이 많았다. 이 부근에는 염색한 검정 옷과 빨간색의 기다란 천들이 무수히 장대 위에 널려 있었다. 그 빨간 염색 천들은 흡사 국수 공장에서 국수 가락 걸쳐 놓고 말리는 것처럼 나란히 걸려 있었다.

붉고 긴 그 염색 천은 이불감을 만들기 위한 것이었다는 것과, 검은색으로 물들인 옷들은 카키색 군복을 일반인들이 작업복으로 탈바꿈하기 위해 염색해 입었다는 사실은 세월이 한참 지난 후에서야 알 수 있었다. 의복이 귀한 시절에는 염색한 군복이 아주 훌륭한 생활복이었다.

시원한 방천 다리 밑에는 언제나 사람들이 많았다. 더위를 피해 이곳에 온 사람들은 쌀가마니를 펼쳐 만든 자리 위에서 장기를 두거나 낮잠을 자기도 하는 한가로운 곳이기도 했다. 사람들이 많이 모이는 탓인지 이곳에는 유난히 떡장수 아주머니들도 많았다.

어른들은 가끔 우스갯소리로 아이들을 놀려댔다.
"너는 주워 왔어. 네 엄마는 방천 다리 밑에서 떡 장사해."
아버지도 종종 내 동생에게 짓궂은 농담을 했다.
"막내야, 너는 주워 왔어. 너의 진짜 엄마는 다리 밑에서 떡 장사하고 있어."
아버지는 더운 여름날 저녁이면 늘 막내인 내 동생을 무동 태워 방천으로 나가서 더위를 식히곤 했다.
어느 날 막내와 함께 나갔다 온 아버지께서,
"나 오늘 막내 데리고 나갔다가 다리 밑에 가서 제 엄마 찾아 달라고 조르는 바람에 아주 혼났네. 네 엄마가 오늘은 떡 팔러 오지 않았나 보다 하고 데리고 왔지만."
하며 어머니와 한참을 웃은 적도 있었다.

세월을 담은 냇물은 내 어린 날을 멀리 흘려 보내고, 지금 그곳에는 새 옷 입은 신천이 옛날을 낯가림하며 흐르고 있다. 흙먼지 풀썩이며 뛰놀던 방천길 위엔 아스팔트가 반듯하게 깔려 있고 그 위를 연이어 달리는 자동차는 시커먼 매연을 쉴 새 없이 토하며 달린다.
맑은 물이 돌돌 흐르던 시내는 이미 오래전에 흐려졌고 이끼가 파랗게 앉은 바닥은 보는 이들을 울적하게 만든다. 흔적조차 없어진 염색터는 문명의 기구로 치장해 격세지감을 느끼게 한다.
가을이면 메뚜기 잡으러 다니던 다리 건너 논둑길 위로는 수없이 들어선 고층아파트의 딱딱한 시멘트벽들이 즐비하게 늘어서 있어 예전 모습은 가늠조차 어려워졌다. 세월의 흐름은 이렇게, 한 줌 유년의 감성조차도 단단하게 굳혀 놓는가 싶어 서운함만 더해 온다.

 그렇지만, 지금도 흐르고 있는 또 하나의 내 마음속 신천에는 막내를 무동 태우며 두 팔을 치켜든 아버지의 모습이랑, 빨랫감을 이고 앞서 가다 빨랫방망이 쥐고 따라가는 나를 돌아보며 어서 오라고 재촉하는 어머니의 모습이 방천 위 둑 저만치에서 가만히 웃고 계신다.

봉숭아 꽃물 들이는 계절이면

장맛비에 꽃들이 힘들기도 했으련만 물을 머금고도 함초롬히 수줍게 달려 있다. 일년초를 좋아하는 나는 마당 가에 봉숭아, 해바라기, 백일홍, 금잔화 등의 씨를 빼곡히 뿌렸더니, 지금은 갖가지 색의 꽃으로 뜨락을 덮어 시골마당 분위기를 한껏 자아내기도 한다.

특히 봉숭아는 지난해 떨어진 꽃씨까지 싹이 터서, 빈자리마다 봉숭아꽃으로 뒤덮여 있다. 너무 촘촘해 제대로 자라지 못한 탓인지 겨우 손가락 크기만 해도 붉은 꽃을 매달고 예쁜 모습을 뽐내고 있다. 그러나 아무리 많고 지저분하게 보여도 쉽게 뽑아 버리지 못하는 까닭은 어쩐지 봉숭아는 어머니 꽃 같은 친근감이 있기 때문이리라.

내 기억 속의 봉숭아는 유년이 담긴 어릴 적 살았던 집에서부터 시작된다. 봉숭아꽃 앞에 앉아 가만히 눈을 감고 있으면 잡힐 듯이 떠오르는 그림 같은 집이다.

마당을 돌아다니는 닭들이 모이를 찾으며 헤집는 뜨락엔 해바라기가 졸고, 뙤약볕 아래서 빨갛게 달구어진 백일홍과 봉숭아꽃 위로 고추잠자리 어지러이 날아다니던 집, 그곳이 내 유년의 추억을 살찌우던 곳이다.

여름이면 어머니는 햇빛 많이 받은 봉숭아 잎과 꽃을 따서 백반과 소금을 넣어 곱게 찧어 놓았다가 무명실과 아주까리 잎을 들고 모기장 안으로 들어오셨다. 잠에 겨워 눈을 비비면서도 나는 열 손가락 다 물들여 달라고 조르곤 했다. 어머니는 찧어 놓은 봉숭아 잎을 내 손톱 위에다 얹고 아주까리 잎을 헝겊처럼 오려서 싸매어 준다. 곱게 자야 제대로 물든다며 당부하고 "됐다" 하며 모기장 밖으로 나가신다.

열 손가락 모두 무명실로 꼭꼭 처매어 골무 낀 듯한 손가락을 벌리고 만세 짓하며 잠을 잤지만, 아침이면 홑이불이며 러닝셔츠에 봉숭아 꽃물 들여놓고 배시시 일어나는 내게 "그래기 내가 뭐랬어?" 하며 눈을 곱게 흘기시던 어머니. 여름마다 반복되던 봉숭아 꽃물 들이던 모습이다.

어머니의 흘긴 눈 속에는 또 하나의 그림이 겹쳐 있다. 나보다 열 살이나 위인 오빠는 잘난 인물 탓인지, 유난히 여자들이 많이 따랐다. 오빠는 남자이면서도 여름이면 오른손 새끼손가락에 봉숭아꽃으로 물들이는 것을 좋아했다.

봉숭아 줄기에 이파리 몇 닢과 씨방만 매달리는 늦여름 때까지 봉숭아 꽃물을 들이고 또 들여서 나중에는 물들인 손톱이 진한 자줏빛으로 변하기도 하였다.

오빠는 어린애처럼 늘 어머니에게 꽃물을 들여 달라고 했다. 다 큰

아들의 이 우스꽝스러운 짓에도 어머니는 그냥 눈을 곱게 흘길 뿐, 웃으며 그 시중을 다 들어 주시곤 했다. 어머니는 소중하고 귀한 외아들이 마냥 좋으셨나 보다.

"어머니, 물이 잘 들게 해 줘야 해요. 첫눈이 올 때까지 손톱에 봉숭아 물이 남아 있으면 첫사랑이 찾아온댔어요. 나 장가들지 몰라요."

"어이구 얘야, 여자가 모자라서 첫사랑 타령이냐?"

평소에는 엄하고 무서운 어머니지만 이때만큼은 여리고 속 깊은 정이 밖으로 묻어나오는 순간이다. 초여름 밤에 나누는 어머니와 아들의 이야기 소리가 그 밤 모깃불의 매캐한 연기를 따라 지금 내게 스미는 듯 가깝게 느껴진다.

돌이켜 보면 지극히 평범했던 일이었지만 적어도 내겐 무구한 어린 날에 있었던 소중한 추억의 한 장면들이다.

그날 모기장 속에서 내게 손톱마다 얹어 주던 빨간 꽃잎은 꽃잎보다 더 붉은 어머니의 진한 사랑이었고, 아주까리 잎으로 싸매어 무명실로 감아 주던 것은 품으며 안아 주시던 어머니의 고운 숨결이었으리라.

많은 세월이 지나 나이는 들었다고 하지만 아직도 나는 마음 깊숙한 곳에서 기억 속의 어린 날들을 걸어 다니고 있음이 분명하다. 그러기에 그리운 날들은 이미 지나갔음에도 마음속에 남아 있는 기억의 유년은 잊히지 않고 꽃만 보아도 되살아나는 것이 아닐까.

이순이 넘어 팔순이 된다 한들 어찌 잊힐까. 아마도 유년이 그리운 것은, 돌아갈 수 없는 길에 대한 안타까움이 있기도 하지만 그 자리에 함께했던 부모와 형제가 있기 때문이리라.

  세월은 유년의 나를 성장시켜 노년의 문에 데려다 놓았다. 그러나 어머니의 추억 앞에 선 나는 아직도 성장을 멈춘 유년에 서서 손톱에 물들여 주시던 어머니의 사랑을 목말라 하며 그리워하고 있다.

  멈추던 비가 다시 오려나 하늘이 어둡고 바람이 나를 휘감는다. 한 차례 소나기에 꽃들이 몸살을 했는데 또 한 번 얘들을 울리려나 보다. 7월은 이렇게 장맛비 속에 젖고, 뼛속 깊이까지 흥건히 젖어 든 내 유년의 추억은 봉숭아꽃을 보며 또 한 번 흠뻑 젖어 들고 있다.

쑥스러운 고백

내 위로는 나보다 열두 살이나 더 많은 마음씨 착한 언니가 있다. 결혼도 이미 내가 어릴 때 했지만 우리는 자주 왕래하며 가깝게 지냈다.

언니네는 늘 가난했다. 형부는 4대 독자라는 이름으로 자기만 알았고 딸린 식구들 걱정은 아예 머릿속에 있지도 않은 사람이었다. 그러니 식구들은 늘 궁핍했다. 한때는 언니가 메리야스 공장에 일하러 다니면서도 시어머니를 포함한 온 식구들을 다 데리고 친정에 들어와 살던 때도 있었다.

시집 잘못 간 딸은 돈 벌러 다니며 고생하고, 사위는 처가살이 하면서도 빈둥빈둥 놀며 잠만 자는 모습을 보게 되자 어머니는 늘 못마땅해하셨다. 형부도 마음이 편치 않았던지 마침내 어느 여름날 아무 대책도 없이 이사해서 정착한 곳이 산격동 산동네였다.

산격동까지는 꽤 먼 거리였다. 대봉동 우리 집에서 버스로 한참을 가야 종점인 도청 앞에 닿을 수 있었고 거기서 내려 또 한참을 산길로 걸어가야 언니네 집이 있다. 군데군데 묘지를 지나기도 하고 산새가 날아다니는 산길에는 가끔 산토끼도 보이는 곳이다.

언니네는 그때 어려운 사람들이나 땔감으로 쓰는 '재생 연탄'을 찍어서 판매하는 일을 했다. 아버지가 다니는 회사의 보일러실에서 한 번 태운 석탄을 형부가 수거해 산격동까지 가져가서 다시 연탄으로 찍어 파는 일이다. 생계가 어려운 언니네를 위해서 아버지가 마련해 준 생계 수단이었다.

아마도 그 동네에는 어려운 사람들이 많이 모여 살면서 값이 싼 재생 연탄을 땔감으로 쓰고 있었던 모양이다.

동생과 나는 그렇게 멀고도 외진 곳을 자주 다녔다. 어머니는 항상 못사는 딸이 굶을까 봐 걱정되어 우리 집 쌀을 살 때마다 언니 집에 쌀을 나누어 주었고 그 심부름은 우리가 해야만 했다.

우리 집이라고 넉넉한 살림이 아니었으니까 무얼 그리 많은 양을 보내지도 못했으련만 동생과 나는 그게 무겁고 힘들다며 가기 싫다고 투덜대기도 했다. 어머니는 우리에게 해지기 전에 돌아오라며 일렀고 언니 집에선 절대 밥을 먹지 말 것을 당부하셨다. 그래서 우리는, 점심땐데 밥 먹고 가라며 언니가 붙들어도 얼른 일어나 집으로 오곤 했다.

집에 도착하면 어머니는 제일 먼저 묻는 말이 있다.

"철이 애비는 뭐하디?"

그 시절 내가 조금만 철이 들었더라면 형부가 미워도 엄마가 속상할 걸 생각해서 숨기기라도 했으련만 눈치 없는 나는 늘 본대로 고해 바쳤다. 내가 중고등학교 시절이었으니 어린 나이도 아니었다.

눈치 없기는 예나 지금이나 똑같은 나다.

"응, 형부는 자고 언니만 일하고 있었어."

"형부는 술집에서 노래하며 놀던데?"

"엄마! 형부가 밥 한 그릇 더 먹는 바람에 언니는 밥이 없었어."

등등을 고스란히 일러 바쳤다.

유리알처럼 훤히 보이는 고생스러운 살림이니 아마도 우리 어머니는 철없는 나 때문에 큰딸 생각하며 많이도 우셨으리라. 언니는 매일 그렇게 밥을 적게 해서 남으면 먹고 아니면 그냥 누룽지 끓인 숭늉만 들이키면서 살고 있었다. 힘들게 살아가는 딸의 모습을 보는 어머니 가슴에다 메워지지 않는 커다란 구멍을 만들어 가면서 말이다.

맘씨 착하고 고왔던 언니는 이런저런 고생을 해 가면서 한평생 많은 눈물을 흘리며 살다가 쉰일곱 짧은 나이에 세상을 하직했다.

세월이 이만큼 지나고 그때의 내 어머니보다 한참이나 더 많은 나이가 되고 보니, 가기 싫어하는 우리한테 그렇게 심부름을 시키면서도 딸네 집에는 왜 직접 다니지 않았는지를 짐작하게도 되었다. 가난한 큰딸이 고생하는 모습을 차마 눈으로 보고 싶지 않으셨으리라.

내게도 마음 가시가 있었다. 이미 오래전에 돌아가신 형부지만, 한참의 시간이 지나도록 내 마음속에 깊이 박힌 원망은 용서되지 않았다. 그러나 이 나이가 되어 보니 세상에는 내가 알지 못한 숱한 어려움이 있다는 걸 깨닫게 되었고, 지금은 그때의 형부가 살았던 삶을 동정하기에까지 이르렀다.

그 먼 길을 석탄을 날라다 연탄을 찍으며 고생했을 형부의 한숨이 이제는 가늠되기도 한다. 석탄이 많을 때는 차로 운반했으나 물량이 적을 때는 리어카로 운반을 했다. 달리 도와 주는 사람도 없어 겨우 미성년의 아들이 리어카 뒤를 밀었을 뿐이니, 그 고달픔인들 오죽하였을까.

내가 조금만 더 헤아릴 줄 알았어도 어머니한테 눈치껏 말을 잘했을 것이다. 그랬다면 두 분의 간격도 좁혀질 수 있었을 것이며, 언니 마음도 조금은 편했을 수도 있었을 텐데 하는 아쉬움이 크게 남는다.

이제는 미안하다고 말 하고 싶으나 용서의 시한이 너무 많이 지나가 버렸다. 그렇지만 지금이라도 마음속에 담아 두었던 말을 꺼내 놓고 싶다.

"형부, 쑥스럽지만 이렇게 고백합니다. 그때 내가 분별력이 없어 우리 엄마한테 형부를 잘못 일러바친 것 정말 죄송합니다. 철이 없어서 그랬어요. 지금이라도 그때의 나를 너그럽게 용서해 주시면 고맙겠습니다."

세월에서 배운다더니….

고향으로 가는 길

"김밥이요, 김밥."

"계란 왔어요, 계란. 따끈따끈한 계란이 왔어요."

가뜩이나 복잡한 열차 안은 정거장마다 올라오는 장사꾼으로 더욱 복잡했다. 자리도 잡지 못해 열차 연결 칸에 서 있는 나와 동생은, 서로 눈짓을 하며 이때부터 군것질을 시작한다.

증기 기관차가 터널을 지날 때면 시커먼 연기가 기차 안으로 들어와 목이 메케한 것도, 하얀색 교복 칼라에 목 때가 검게 남는 것도 전혀 개의치 않고 또 싫지도 않다. 지금 우리는 완행열차를 타고 아버지가 마련해 주신 여비의 일부를 군것질로 쓰는 중이기 때문이다.

아버지의 애창곡은 가수 고복수의 노래 '타향살이'였다.

평소 아버지를 잘 아는 주위 분들의 이야기로는 마음이 울적하실 때나 약주 한잔하고 나면 부르는 노래라고 했다. 어느 때는 아버지가 신문을 보다가 "고향이 그리워도 못 가는 신세…."라는 노래를 맞은편 벽을 보며 혼자 부르시는 것을 들은 적이 있다.

이렇게 아버지는 고향을 못내 그리워하셨다. 6·25전쟁 이후 피치 못해 대구로 내려와서 살았지만 태어나서 수십 년이나 살아온 고향을 늘 그리워하던 아버지는 약주 한잔으로, 노래로, 마음을 달래셨던 것 같다.

그래서인지 방학 때면 우리들을 고향에 보내 주며 친척들과 가깝게 지내도록 길을 만들어 주셨다. 그렇지만 우리야 아버지처럼 못 견디게 그리운 사람이 있는 것도 아니고, 우리를 눈 빠질 만큼 기다리는 사람도 없는 터이다.

다만 오고 가는 여비를 잘라서 군것질하는 재미와, 개학하면 친구들에게 대구에서 충청도 당진까지 기차를 타고 다녀 왔노라고 자랑하는 재미로 방학만 되면 고향엘 보내 달라고 졸랐다.

열차 타고 천안까지 가는데 다섯 시간쯤, 천안에서 시외버스를 타고 한참을 달려 합덕 정류장에 내려서, 다시 신작로를 따라 한 시간 정도 걸어가는 불편함 정도는 아무것도 아니던 시절이었다.

마중 나온 사촌이나 조카들이 우리와 함께 걸어가 주면 여럿이서 합창하고 놀며 가느라 시간이 더 지체될 때도 있었다. 아침에 떠났던 길이 도착지인 큰집에 들어갈 때는 휘영청 밝아진 달을 보며 들어갔으니까.

막내 이모네는 부자였다.

외할머니 이야기로는, 합덕으로 나가려면 어느 쪽으로 가든지 이모

네 논을 안 밟을 수가 없다고 하셨다. 아마도 동서남북으로 논이 많았던 모양이다. 또 그때는 텔레비전을 도시에서조차 구경하기 어렵던 시절인데도 시골 이모 집 마루에 떡하니 텔레비전이 좌정하고 있었으니 부자임엔 틀림없었다.

여비를 잘라먹은 나와 동생은 돈을 충당할 속셈으로 이집 저집 인사를 다녔다. 이모 집을 빠뜨릴 우리가 아니다. 동생과 나는 잠깐이라도 부자인 이모를 만나고자 이모님 댁에 인사를 갔다. 이모는 집 밖으로 우리를 배웅 나와서 식구들 몰래 우리에게 용돈을 두둑이 주시곤 했다.

거기서 나와 또 외갓집엘 가면 외삼촌이 용돈을 챙겨 주고, 이곳저곳 몰려다니며 맛난 것도 먹고 놀다가 대구로 내려올 때는 큰아버지가 둘의 여비를 마련해 주신다. 고향에 가는 의도는 바로 이 때문이었다. 이 행위는 내가 중고등학교 내내 하던 여름 방학 행사였다.

내가 어른이 된 후, 조카들에게 용돈을 줄 일이 생기거나 설날 세뱃돈이라도 줄 때, 가끔은 어릴 때 우리에게 베풀었던 어른들 생각이 났다. 특히 시골은 현금이 귀하다는 사실을 알고부터는 죄지은 듯하여 마음속으로 송구하기까지 하였다.

60년대의 시골 생활이니 미운털이나 박히지 않았었는지.

비록 철부지 생각으로 졸라가며 다닌 고향길일지언정 아버지의 의도는 적중했다. 충청도라는 말만 들어도 입이 함지박만큼 벌어지는 나는 어쩔 수 없는 충청도 사람인 모양이다. 아마 이것은 내 동생도 마찬가지가 아닐까?

지금은 사촌도 육촌도 거의 다 도시로 나와서 흩어져 살지만 아마도 그들 역시 고향으로 향한 마음들은 매일 고향 들판으로 달려가고 있지 않을까?

가끔은 내 마음이 우강 들에서 우렁이 잡고 놀다 오는 것처럼. 더러는 달빛이 하얗게 내려온 새탯말 신작로에서 밤새 그림자 밟으며 달빛과 놀다 오는 것처럼.

바람 부는 날에 만난 고양이

수년 전, 강릉 사천 바닷가 바로 앞에서 살던 때였다. 여느 시골집이 그렇듯 집들 대부분이 듬성듬성 떨어져 사는 동네다. 우리 집은 도로변에 있었는데도 꽃과 나무로만 울타리를 세워 앞뒤를 다 틔워 놓고 살았다.

그 까닭에 뒤쪽인 서쪽 대관령에서 바람이 세차게 내려올 때나 앞쪽인 동쪽 바닷바람이 몰아칠 때면, 집 바깥벽에 걸어 놓은 시래기며 살림 집기를 단속하느라 일거리가 이만저만이 아니다.

그날도 바람이 몹시 부는 4월 말 해거름 무렵이었다. 4월의 바닷바람은 특히나 더 거세다. 더구나 그날은 대관령 바람과 바닷바람이 맞부딪쳐 돌풍이 어찌나 세게 불던지 세워 놓은 자동차도 밀릴 것 같은 날이었다.

밖에서 바람 설거지를 하던 남편이 갑자기 집 앞 차도 위에서 새끼 고양이 한 마리를 발견하고 데려왔다. 갈색 몸에 검은 줄무늬가 있는 작고 어린 고양이다. 아마도 돌풍에 휩싸여 날리다 길바닥에 떨어져 길을 잃은 것 같았다.

그 고양이는 태어난 지가 얼마 되지 않은 듯 손바닥 안에 들어올 만큼 몸집이 작았고 잘 걷지도 못해 비틀거렸다. 쥐눈이콩보다 작고 까만 눈은 기운이 없어서인지 거의 감고 있었다. 그런데도 그 녀석은 먹지도 않으면서 무슨 기운으로 그렇게 우는지 계속 울기만 하니, 나로선 감당이 되지 않았다.

그 당시 우리는 강아지 세 마리를 집 안에서 기르고 있을 때였다. 갑자기 낯선 고양이가 와서 울자 덩달아 강아지 세 마리까지 한꺼번에 짖어 대니 집 안은 온통 시끄러움의 극치가 되어 참으로 난감했다.

하는 수 없어 새끼 고양이는 밖에다 잠재우기로 하고 상자 안에 방석을 깔아 따뜻하게 감싸서 현관문 앞에 내놓았다. 밖은 여전히 바람 소리, 파도 소리가 무섭게 들려도 집 밖의 고양이는 비교적 잘 자는 편이었다. 춥고 파도 소리가 요란해도 밖이 더 편한 것 같았다.

봄바람은 흡사 사춘기 소녀 마음 같다더니, 이튿날은 또 언제 그랬냐는 듯이 바람도 자고 바다도 평온해 졌다. 그날도 나는 새끼 고양이를 데리고 집 안팎으로 들락거리면서 먹이를 겨우 좀 먹였다. 어제보다는 조금 진정이 되는 듯 울음도 멈추고 기운도 나아 보였다.

그러나 그것도 잠시. 해가 지고 밤이 되니 또 심하게 우는 통에 다시 밖에서 재울 수밖에 없었다. 그런데도 딸애는 보기에 딱하다며 데리고 들어오자고 날 조르고, 나는 어미가 데리고 갈 것이라면서 좀 더 두고 보자며 실랑이하고 있을 때였다.

갑자기 방안에서 잠자던 우리 집 강아지 세 마리가 일시에 우르르 거실로 몰려나와 엄청 시끄럽게 짖어 대고, 동시에 밖에서는 낯선 고양이 울음소리가 아주 크게,

"냐~흥! 냐~흥!"

연거푸 두 번 들렸다.

우린 깜짝 놀랐다. 그 울음소리는 지금껏 우리가 들어오던 고양이 울음소리가 아니었다. 나로서는 한 번도 들어본 적 없는 무섭고 높은 소리였고 위협이 느껴질 만큼 힘 있는 큰 소리였다. 듣는 순간 소름이 돋을 정도였다.

딸애가 얼른 창문을 열고 밖을 보며,

"고양이 한 마리가 길 건너 솔숲으로 들어가고 있어!"

하며 소리를 지르는 순간,

"어미인가 보다!"

하고 남편이 재빨리 밖으로 나갔으나 있어야 할 곳에 새끼 고양이는 보이지 않았다. 부근을 아무리 찾아 봐도 고양이는 없었다. 우리는 고양이가 있던 빈자리를 멀뚱멀뚱 바라보기만 했다. 놀란 강아지들만 계속 짖어 댄다.

들고양이의 보금자리는 바닷가 숲속 어디인 것 같았다. 조금 전 딸애가 본 고양이의 뒷모습은 어미가 이미 제 새끼를 물고 갈 때인 듯하다. 우리를 놀라게 했던 그 무서운 울음은 어쩌면 어린 고양이를 찾은 어미

의 감격에서 나온 외침이었을지도 모른다.

　전날 밤엔 아마도 바람과 파도 소리가 너무 심해서 서로의 울음을 확인 할 길이 없었던 게 아니었나 하는 생각이 들었다. 어제오늘 동안, 새끼는 어미 기다리는 신호를 보내느라 그렇게 울었던 모양인데, 어미 또한 새끼를 찾느라 얼마나 울고 다녔을까. 새끼를 놓친 어미는 기나긴 그 시간을 얼마나 애타게 찾아 헤매고 다녔을까.

　사람들은 흔히 제구실도 못 하는 사람보고 짐승만도 못하다고 한다. 이 광경을 목격한 우리는 그 말을 확인한 것 같은 생각에 한동안 할 말을 잊고 묵묵히 서 있기만 했다. 나는 마음 한구석에 자릿한 전율을 느꼈고, 갑자기 흩어져 지내는 내 아이들이 보고 싶어졌다.

　한낱 보잘것없는 짐승이라 치부하는 저 고양이들과는 단 이틀간의 만남이었지만, 내겐 오랫동안 지워지지 않고 울림을 주는 사건으로 남아 있다.

피서지에서 생긴 일

"엄마, 이 사진은 뭐예요? 식구 수대로 시커먼 선글라스를 끼고. 마치 가족 간첩단 같아."

큰애가 사진첩에서 사진을 꺼내 들고 깔깔거린다. 남편이 나와 결혼하기 전, 가족들과 포항 해수욕장에 갔을 때 찍었다는 사진이다. 부모님을 비롯한 가족 모두가 수영복 차림에 새까만 선글라스를 착용했다. 지금이야 웃음이 나오는 연출로 보이겠지만, 그 시절엔 그래도 최고의 바캉스 패션이다.

"뭘, 난 좋기만 한데. 그게 왜 우습지?"

큰애와 달리 나는 이 사진을 좋아한다. 그 옛날에 식구들을 해마다 해수욕장에 데리고 다닌 시부모님의 열린 생각도 부럽고, 자유로운 가족 분위기가 담겨 있어 오히려 나는 이 사진을 참 좋아한다.

"사진 본 김에 해수욕장에서 있었던 진짜 우스운 이야기 하나 해 줄까?"

바짝 다가앉는 큰애에게 이야기를 시작했다.

1970년도에 경부고속도로가 개통되자, 고속버스 그레이하운드가 대구에도 운행이 시작되었다. 외국에서 들여온 그레이하운드 버스의 인기는 대단했다. 그 시절엔 선풍기도 없는 집이 대부분인데 차 안에 에어컨이라는 게 있다는 것도, 버스 안에 화장실이 있다는 것도 모두 관심의 대상이었다.

호기심 많은 남편이 가만있을 리가 없다. 아버님과 어떤 이야기가 오갔는지, 그레이하운드를 타고 부산으로 피서를 가기로 합의하였다. 부모님과 우리 내외, 군에서 말년 휴가를 나온 시동생, 시동생과 같이 휴가를 나온 친구 연성 씨. 생후 10개월 된 큰애까지 모두 일곱 명이다. 경비는 아버님이 부담하기로 했다.

경비를 줄이기 위해 숙박은 야영하기로 했다. 준비하는 것부터 난제다. 그때 집에는 알코올버너가 있었으나 이미 셋째가 친구들과 캠핑 가면서 가지고 떠나 집에는 없었다. 할 수 없어 석유곤로를 가지고 가기로 했다. 취사용 둥근 석유곤로는 높이, 지름 모두 30cm가 넘는다.

텐트도 없다. 텐트 대신 방에서 쓰는 모기장을 치고 담요 두 장을 덮기로 했다. 취사 도구도 준비했다. 지금처럼 캠핑 용품이 흔하지 않은 때라, 집에 있는 살림 도구로 준비했다. 식품이며 깔 자리까지. 이래저래 짐이 많았다.

모기장 텐트의 기발함은 엉뚱한 발상을 잘하는 남편의 머리에서 나왔을 것이다. 그러나 이상할 것도 없었다. 더러는 지게 위에 침구며 수박, 참외 등, 온갖 짐을 지고 바닷가로 가서 캠핑하는 사람들도 있던 시절이었으니까.

말로만 듣던 그레이하운드에는 빈 좌석이 없을 정도로 꽉 찼다. 나는 푹신한 의자며, 시원한 버스 내부, 차 안의 화장실까지 살펴 봤던 기억은 나지만 그 많은 짐을 누가 가지고 탔는지는 기억에도 없다.

다만 시동생 친구 연성 씨가 군복을 입은 채 석유곤로를 등에 지고 차에 올라온 모양새는 지금까지도 기억난다. 우리 애 업을 때 쓰는 띠로 만든 어깨띠로 등에 지고 다녔는데, 흡사 석유곤로를 업은 모양이었다. 아마도 그 모습을 본 사람은 모두 웃음을 참느라 애썼을 텐데 정작 본인은 아주 당당하게 차에 올랐다. 연성 씨 활약은 여기서 끝이 아니다.

부산 다대포 해수욕장은 비교적 피서객들이 적은 편이었다. 드문드문 그늘막 같은 텐트가 보였으나, 모기장 텐트는 우리밖에 없음은 말할 것도 없다. 우리는 물놀이도 하고 모래사장에서 석유곤로에 밥도 해 먹고 모기장 텐트 안에서 수박까지 잘라 먹으며 여름을 즐겼다. 햇볕이 뜨거워 담요로 모기장 위를 덮어서 그늘을 만들었다.

문제는 밤이었다. 밤 바닷가는 낮과 달리 매우 추운 편이다. 그 많은 식구가 담요 두 장으론 턱도 없는 일이다. 나는 애가 딸려 있으니 한 장을 차지했고, 나머지는 부모님 차지인데 덮지도 못하고 누워 계셨다. 보기에 민망했던지 연성 씨가 어딘가에서 이불을 구해 왔다.

그런데 일이 벌어졌다. 그 이불은 파견 나온 해양 구조대 막사에서 연성 씨가 슬쩍 가져온 것이었다. 조금 후 막사에서 군인이 찾아왔다.

어른들을 생각해서 한 행동이 난감하게 꼬인 것이다. 연성 씨가 사정을 이야기하려고 밖에 나가자 갑자기 구령 소리가 크게 났다. 군복 입은 연성 씨를 보자 군인이라는 이유로 일은 더 커지고 말았다.

가만히 듣고 계시던 아버님이 나가서 손이야, 발이야 빌고도 한참이 지난 후에야 겨우 끝났다. 아버님의 주머니에서 지폐 몇 장이 나가고 난 후에서야 해결되었다는 후문이다. 결국, 우리는 전부 철수하고 여관으로 들어가 이불 걱정 없는 하룻밤을 지냈다.

아버님은 구두도 닳을까 봐 아까워서 특별한 외출 때에만 신고 평소엔 검정 고무신을 구멍이 나도록 신고 다닐 정도로 절약 하신다. 그렇지만 그렇게 아낀 돈으로 식구들을 위해서는 모자람이 없을 만큼 지원해 주신다. 이날 역시 왕복 교통비에 여관비, 거기에 뒷돈까지, 식구들의 여행비를 다 지원하셨다.

그때 아버님은 딱 쉰 살이셨고, 가장으로 살아온 연륜도 서른 해나 되셨다. 그날도 깜냥 없는 아들들의 행동을 미리 계산하고 주머니가 두둑하도록 준비하셨을 게 분명하다. 아버님 나름의 연륜 감각이었을 것이다. 참으로 염치없지만 우린 그때 신혼 때라 경제적으로 넉넉지 못하다는 이유로 한 푼도 내놓지 않았으니, 아버님의 속마음은 얼마나 서운하셨을까.

"할아버지는 아마 돈 쓰고도 좋아하셨을 거야."

할아버지의 가족 사랑을 잘 아는 큰애가 말한다.

세월이 많이 흘렀다. 지금은 아버님도 어머님도 또 남편도 저세상 사람이 되었다. 두 어른은 만나서 잘 계실까. 그곳에서도 지난 이야기를 하고 계시려나? 그렇다면 그때의 일도 기억하며 웃음을 나누었으면 좋겠다. 사랑하는 아들은 만나셨을까. 아니면 남편 혼자만 레테의 강 기슭 어디에서 나를 기다리고 있으려나? 모든 게 궁금하고 모두 보고 싶다.

 이제는 내가 그이를 찾아 나설 때가 눈앞에 와 있다. 너무 멀리 가 있지나 말았으면 좋겠다.

4부

가곡 「명태」와 녹향음악감상실

"느그 아버지
오늘은 아침 일찍 나가셨다.
인제는
지팡이도 안 짚고 다니신다.
음악실이
병원보다 더 낫능기라."

가곡 「명태」와 녹향음악감상실

"감푸른* 바다 바다 밑에서
줄지어 떼 지어 찬물을 호흡하고
길이나 대구리가 클 대로 컸을 때
내 사랑하는 짝들과 노상
꼬리치고 춤추며 밀려다니다가
어떤 어진 어부의 그물에 걸리어
살기 좋다던 원산 구경이나 한 후
이집트의 왕처럼 미이라가 됐을 때
어떤 외롭고 가난한 시인이
밤늦게 시를 쓰다가 쇠주를 마실 때 카~

---
* 감푸른 : 다소 밝고 짙은 푸른 빛

그의 시가 되어도 좋다
그의 안주가 되어도 좋다
쨔악짝 찢어지어
내 몸은 없어질지라도
내 이름만은 남아 있으리라 하하하
명태, 허허허허
명태라고 허허허 음, 쯔쯔쯔
이 세상에 남아 있으리라

음악실 안에는 양명문 시, 변훈 작곡 「명태」가 바리톤 오현명의 목소리로 울린다. 고풍스럽고 커다란 스피커에서 터지는 시원스러운 울림, 방해받지 않는 공간, 적당한 조명은 '역시 음악은 음악실에서 들어야 제격이야'라는 생각을 저절로 하게 만든다.

오늘 나는 오랜 역사를 가진 음악감상실 좌석에서 이 곡을 듣는다. 이곳은 「명태」 작사가인 양명문 시인과의 일화로 주목을 받아 왔다.

이 음악실은 1946년에 문을 열어 지금까지 이어온 곳이다. 해방 후 일본인들이 본국으로 건너간 뒤 마땅한 모임 장소도 없고 음악을 들을 만한 곳이 없어지자, 음악을 듣고 싶어 하는 주위 분들의 권유로 다방 허가를 받아 SP 레코드 300여 장을 갖고 시작했다.

이 다방의 처음 운영자이신 이창수님은 자랑스러운 나의 시아버님이시다.

그때 아버님은 당신만의 음악실을 가지고 계셨다. 방음이 되는 지하실에서 아코디언도 켜고 하모니카도 불며 때론 성악 공부도 했던 곳이다. 아버님은 이곳을 개방해 다방을 운영하셨지만 얼마 후 다방 허가는 반납하셨다. 그 무렵엔 다방이 문란한 장소로 변질되어 주위의 시선이 곱지 않아 음악실을 다방과 차별화하기 위해서였다.

간판도 '음악실'이라고 고쳐 달고, 차를 마시는 손님은 받아들이지 않고, 순수 음악 애호가들만 출입하도록 한 것이 우리나라 음악감상실의 시초가 되었다. 따라서 아버님은 음악감상실이라는 용어를 처음 쓰신 분이기도 하다. 이렇게 바꾼 음악감상실이라는 간판은 얼마 지나지 않아 많은 사람의 사랑을 받게 되었다.

얼마 후 6·25전쟁이 나자, 피난민으로 대구에 내려온 서울의 문인들과 음악인들이 음악감상실이라는 간판을 보고 모여들었기 때문이다. 따라서 이곳은 자연스럽게 예술인들의 모임 장소가 된 것이다.

양주동, 유치환, 이중섭, 김동진, 양명문, 신동집, 최정희… 이후 우리나라 예술계에 빛이 되었던 많은 예술인과 정치인들이 이곳의 단골이었고, 그들 나름대로는 위안의 장소이기도 했다. 그들은 무작정 내려온 낯선 곳 대구에서, 앞날이 보장되지 않은 나라의 걱정과 미국의 구조를 기다려야만 하는 내 나라의 비참한 현실을 음악으로 달래며 작품을 쓰기도 했다.

이때의 음악감상실은 베토벤, 모차르트가 있어서 찾는 곳이 아니었다. 젊은 예술인들이 그나마 숨을 쉴 수 있는 공간이었으니, 결과적으로 보면 음악감상실이 피란 시절 갈팡질팡하던 예술가들을 품어 준 셈이 된 것이다.

이 곡 「명태」를 작사한 양명문 시인은 그때 음악감상실에서 살다시피 했던 예술인 중의 한 분이다. 밤늦게 륙색을 메고 찾아와 제일 앞자리에 앉아 차이콥스키 피아노 협주곡 1번을 듣고, 그때마다 어김없이 멋진 지휘를 해 퍽 인상 깊었다고 아버님은 말씀하셨다.

서울 수복 후, 환도가 시작되자 하나둘 서울로 떠나고 양명문도 떠나게 되었다. 떠나던 날 양명문이 아버님께 시를 적은 노트 한 장을 떼어 선물로 남기고 갔었는데, 그때 받은 시가 바로 시인과 소주와 안주를 노래한 「명태」다. 아버님께는 이후에 값진 선물이 될 수도 있으니, 액자에 끼워 잘 보관하라며 주고 떠났다고 한다.

그러나 아버님은 음악실에 온 손님들이 워낙 주고 간 글이며 작품이 많아 관심을 두지 않았고, 잦은 이사에 하나도 남아 있는 게 없어 그 일을 늘 애석하다고 하셨다. 그중에는 이중섭 화백으로부터 받은 은지화도 있었다고 하셨다. 그래도 기증받은 음반은 아직도 잘 보관된 것을 보면, 아버님은 음악밖에 모르던 분이셨던 건 분명하다.

한편 양명문은 자신의 시 「명태」를, 국방부 정훈국에서 종군작가로 함께 생활하던 김동진과 변훈에게 작곡을 부탁했다.(양명문의 시 「명태」가 김동진 작곡집에도 있음) 이후 1952년에는 변훈 곡의 「명태」를 바리톤 오현명이 부산에서 처음 발표했다. 그러나 서정적인 노래를 좋아하던 그 당시의 음악적 분위기와는 전혀 맞지 않는 곡이라 처음에는 심한 혹평을 받았다고 한다.

　이 곡은 다시 몇 년의 시간이 지나는 동안 서서히 사랑을 받게 되었고 비로소 사람들로부터 갈채를 받게 되었다.

　오현명의 곡 해석은 탁월하다.

　'소주를 마실 때, 카~' 하는 해학적 표현과 마지막 부분의 '하하하, 쯔쯔쯔' 하며 시를 낭송하듯 또는 명태와 대화를 하듯 노래하는 구절은 듣는 사람들을 더욱더 빠져들게 하는 매력이 있다. 더욱이 오늘처럼, 전설 같은 이야기가 녹아 있는 이 '녹향음악감상실'에서의 감상은 또 다른 감동이기도 하다.

　세월은 많은 것을 탄생시키기도 하고 또 많은 것을 소멸시키며 흐르고 있다. 음악감상실도 예외가 아니었다. 80년대 이후 음향기기의 발달로 안방에서도 얼마든지 들을 수 있는 시대가 오자 상업성이 떨어져 음악감상실은 하나둘 문을 닫게 되었다.

　우리 녹향음악감상실도 예외가 아니었다. 그동안 숱하게 쏟아지던 인터뷰나 신문 기사도 뜸해졌다. 그렇지만 아버님은 당신이 좋아하시는 음악을 차마 놓을 수가 없어서 늘 하던 그대로, 아침이면 슈베르트의 보리수로 음악을 열고, 저녁이면 브람스 자장가를 마지막 곡으로 밤 인사를 하셨다.

　65년을 이렇게 한결같은 사랑으로 지키시던 아버님은 대구시에 기증 의사를 남기고 음악감상실과 영원한 작별을 하셨다.

　이제 음악감상실이라는 단어는 낡고 해진 악보만큼이나 늙었다. 그러나 아버님의 음악감상실은 음악을 사랑하는 대구 시민의 관심과 후원으로 대구 중구청이 관리하는 향촌문화관에 영구히 보존되어 있다.

음악을 혼자보다 함께 듣는 즐거움을 아는 사람들은 아직도 남아 있다. 그들은 독립된 공간에서 피아니시모보다 더 약하고 포르티시모보다 더 강한 음향의 감동을 가슴에 담으려 지금도 음악실에 조용히 발자국을 남기고 있다.

나는 「명태」의 마지막 구절, '이 세상에 남아 있으리라.'를 들으며 이 음악감상실도 오래도록 세상에 남아 있길 함께 희망해 본다.

오현명 「명태」

음악실이 병원보다 더 낫능기라

"나는 넓은 하늘에 평화의 무지개 같이 널 따랐네

나는 어두운 밤에 횃불을 벗 삼은 듯이 널 따랐네

나는 꽃향기 속에서 또 빛과 공기 속에서 널 느끼고

네가 없는 텅 빈 방은 너의 영광으로 가득 찼네

너의 황홀한 목소리를 들으며 나는 오랜 꿈을 꾸었네

지상의 모든 근심과 고난은 이 꿈속에 잊어 버리네

사랑의 이상이여 잠깐만이라도, 돌아와서

다시 한번 나에게 미소를 주오

너의 모습 속에서 다시

새벽은 내 위에 새롭게 빛나리라."

- 토스티(Tosti) - 「이상(Ideale)」

어느 때 남편과 함께 감상실을 찾았을 때였다. 출입문을 열었는데도 듣지 못하셨는지 아버님은 그냥 노래에 열중하셨다. '루치아노 파바로티(Luciano Pavarotti)'가 부른 '토스티(Tosti)의 「이상(Ideale)」'을 영상으로 보시며 따라 부르는 중이었다. 우리는 살그머니 밖으로 나와 노래가 끝날 때까지 기다리기로 했다.

이곳은 대구시 번화가의 뒤편 골목에 위치한 낡은 건물 2층이다. 올해로 아흔 한 살이신 아버님의 모습만 보일 뿐 종일 비어 있는 곳이다. 음악감상실이라는 간판도 달려 있고 따뜻한 차도 준비되어 있지만 아무도 찾아오는 사람이 없어 아버님 혼자서 손님이고 주인이며 음악 DJ까지 하는 클래식 음악감상실이자 아버님의 사랑방이다.

가끔 몇 명 안 되는 손님들이 찾기는 해도, 거의 빈 좌석에서 온종일 홀로 계시며 낮잠을 주무시기도 한다. 젊은 시절부터 성악가가 되고 싶으셨던 아버님은, 때로는 파바로티가 부르는 오페라 아리아를 따라 부르기도 하고 우리 가곡을 혼자 연습하며 지내기도 하신다.

그러나 한때 이 음악 사랑방에는 음악 감상을 하기 위해 새벽부터 문을 두드리는 유명 예술인도 있었고, 6·25전쟁 때에는 유명한 음악가와 문학인들이 만나는 장소이기도 했으며, 음악을 사랑하는 지식인들이 음악 감상을 하기 위해 바닥까지 자리를 메우는 때도 있었다.

그렇지만 이제는 거의 20년 가까운 세월을 혼자 지키며 아침에 출근해서 음악을 틀어 놓고 종일 계단 밟는 소리에 귀 기울이다 밤이 되면 브람스의 자장가를 마지막 곡으로 문을 내리며 쓸쓸히 혼자 퇴근하신다.

연세가 많아지시니 기운도 없고 여러 가지 형편상 경영의 한계를 느껴 문을 닫으려고 결심도 하지만, 60여 년을 자식같이 아끼던 레코드며 기계가 있는 사랑방을 차마 놓을 수가 없어 매일같이 근심이고 가슴이 답답하다며 편치 않아 하신다.
　이 사실을 안 지역의 한 신문사와 구청에서, 오래된 레코드와 이 지역의 명물이 된 이 사랑방을 보존하기 위해 도움을 주기도 했었다. 작은 음악회를 주선해 주기도 하고 음악 동호인들의 음악 감상회 때는 이 자리에 시립합창단원 여러분이 오셔서 축배의 노래를 부르기도 했다.
　어떻게 소문을 들었는지 매일 손님이 찾아와서 격려해 주기도 했었다. 얼마나 좋으셨을까. 아버님은 더는 혼자가 아니라는 생각에 가슴이 부풀었었고, 먼지 속으로 묻히게 될 것 같아 걱정했던 LP와 SP 레코드의 운명도 바뀔 것 같은 생각에 매일 매일 신이 났었다.
　그러나 그것도 잠시, 바쁘게 돌아가는 현실은 시에서나 구청에서 갖는 관심으로는 역부족이었다. 아버님은 다시 아무도 찾아오지 않는 나날 속에 갇히게 되었다.
　또다시 지난해엔 녹향을 살리기 위해 내로라하는 아티스트가 공연을 왔었다. 첼리스트 정명화를 비롯한 강충모, 이영조, 김남두, 하만택, 김원경 등, 유명한 성악가와 피아니스트들이 연이어 공연하며 녹향이 살아 있음을 알리는 연주를 해 주었다. 이 연주회를 기획한 주최 측 단장은 낡은 의자와 소파를 교체하면서까지 지원해 주기도 했었다.
　그러나 그 화려함까지도 클래식 감상실의 여유는 외면당하였다. 바쁜 생활 속에서의 클래식은 그냥 어쩌다 한번 느긋하게 돌아보는 일회성인 시대가 된 것이다.

안타깝게도 아버님은, 또다시 종일을 기다려도 아무도 찾아오지 않는 사랑방 안에서 노래를 부르며 지내신다. 그래도 아버님은 음악이 곁에 있으니 지루하지도 고독하지도 않다고 하신다.

노래를 마치신 아버님은 우리의 기척을 아셨는지, 브람스의 '자장가'를 올려놓기 위해 LP 레코드를 턴테이블 위에 가만히 놓으신다.

이날 아버님은 좋아하는 생선회를 아주 맛있게 잡수셨다.

얼마 전 아버님이 넘어지셨다. 허리를 크게 다쳐 거동이 매우 불편해 우리 집으로 모셔 왔다. 아버님과 함께 사시는 어머님 역시 연로하셔서 수발을 들 수가 없기도 하지만, 그 몸으로 음악감상실에 나가시려고 애쓰기 때문에 아예 멀리 떨어진 이곳 강릉으로 모셔 온 것이다.

그러나 아버님은 이곳에서도 잡숫고 운동하는 모든 이유가 하루라도 빨리 음악감상실에 가서 앉고 싶은 생각에서였고 그 일에 매우 열중하셨다. 오랜 세월을 함께 비비며 지내던 음악감상실은 이제 동행이 아니라 살점인 듯했다. 아니 핏줄인지도 모르겠다.

뇌경색으로 인한 몇 번의 마비 증세로 여전히 불편한 몸이 걱정도 되지만, 40여 일을 낯선 곳에서 너무도 지루하게 지내시기에 결국 다시 그리워하는 집으로 모셔 드렸다.

다시 아버님은 그동안 떨어져 있던 레코드를 어루만지시며 또 손님이 되었다가 종업원도 되고 주인도 되는 혼자만의 생활이 시작되었다. 이 생활은 아마도 살아 계시는 동안엔 끊어지지 않고 이어질 것 같다.
　"느그 아버지 오늘은 아침 일찍 나가셨다. 인제는 지팡이도 안 짚고 다니신다. 음악실이 병원보다 더 낫능기라."
　오늘도 어머님은 걱정하는 아들에게 이렇게 전화해 주신다.

Tosti-Ideale(토스티 - 이상)

그리운 노래 「옛날은 가고 없어도」

큰애와 함께 대구에 있는 향촌문화관을 둘러보았다. 2층 향촌동과 문화예술인을 추억하는 사진 속에 뜻밖에도 아버님의 사진이 진열되어 있다.

"엄마, 할아버지가 노래하고 계셔. '옛날은 가고 없어도'를 부르시나 봐."

아버님은 노래를 잘 부르셨다. 어릴 적 교회에 다니며 서양 음악과 오르간 소리에 매료되어 성악가가 되고 싶었다는 아버님은, 젊었을 때부터 돈만 생기면 성악 레코드를 사서 쌓아 놓았을 정도로 성악 애호가다. 연미복을 입고 노래하는 모습을 보는 큰애의 눈엔 그리움이 역력하다. 나 역시 마찬가지다.

아버님을 향한 내 기억은 갓 결혼해서 살던 작은 기와집에서부터 시작된다. 열 명도 넘는 식구들은 학교에 갈 아이들 때문에 이른 아침부터 시끌벅적했다. 부엌에선 어머님이 아침 식사 준비와 도시락 싸는 일로 분주하고, 안방에선 아들딸의 시중을 들어주는 아버님도 분주하긴 매한가지였다.

"아버지, 책값", "아버지, 용돈", "아버지, 차비." 등등의 청구와, "아버지, 내 머리 좀 묶어 줘.", "아버지, 내 옷 단추 좀 끼워 줘." 하는 딸들의 요구로 아침마다 바쁘지만 그래도 아버님의 얼굴엔 언제나 웃음이 가득하셨다. 아들딸들은 이렇게 아버지와 한 번이라도 눈을 맞추어야 학교엘 갔다.

그렇게 모두 등교를 시켜 놓고도 아들딸들이 혹시 빠뜨리고 간 것이 있으면 아버님은 "어이구, 이걸 또 안 가져갔네." 하시며 학교까지 일부러 찾아가 손에 쥐어 주고서야 출근하신다. 대부분은 더럽다고 일부러 안 가지고 간 파리 잡기 숙제나 쥐꼬리 숙제 등이다.

어느 날, 파리 잡아 놓은 성냥 통을 들고 막내딸 학교로 나서는 아버님의 뒷모습을 한참이나 지켜본 적이 있었다. 나는 이 광경이 흡사 한 편의 홈드라마를 보는 듯한 감명에 가슴이 뭉클하기도 했었다. 그날의 찐한 감동이 아직도 내 기억 속에 남아 있을 만큼 그 시절 권위적인 아버지들의 모습과는 전혀 다른 부드러움을 지닌 분이셨기 때문이다.

응석받이 큰딸이 "아버지, 나 운동화 새로 사 줘요." 하며 어리광을 부려도 "어이구, 아직 신을 만한데 뭘." 하면서도 딸이 원하면 또 새것으로 바꿔주지만, 정작 아버님은 검정 고무신 한 켤레를 구멍이 나도록 신고, 차비 한 푼도 아끼느라 걷기를 고집하는 분이다.

아버님의 주머니는 마르지 않는 샘물 같았다. 아들딸들이 모두 성인

이 되어 생활이 엎치락뒤치락할 때가 수도 없었지만, 그때마다 당신은 자식들 곁에 다가서 계셨고 늘 힘이 되어 주셨다. 우리에게 아버님은 커다란 산이었고 또한 마음의 위안이기도 했다.

한참 동안 사진 앞에서 지나간 얘기를 하던 우리는 다시 지하에 있는 '녹향음악감상실'에 내려갔다. 이 감상실의 관리자 이정춘은 아버님의 삼남이며 내게는 시동생이다. 감상실 안에는 우리 가곡「옛날은 가고 없어도」가 흐른다.

이 곡은 이미 고인이 되신 아버님이 즐겨 부르시던 곡인데, 가족 누구도 이 곡을 눈물 없이 끝까지 부를 수 있을까 싶을 만큼 아버님이 남기신 자취가 마음에 크게 자리하고 있다. 그만큼 아버님은 식구들의 마음 마음에 사랑을 남기고 떠나셨다.

아버님이 돌아가시기 한 달 전, 추석 명절에 식구가 다 모였을 때다. 모처럼 아버님이 부르는 노래를 들으려고 노래방엘 갔었다. 뇌졸중으로 몸이 불편하고부터는 거의 노래를 부르지 않으시던 아버님이 그날은 아들딸들의 부축을 받고 일어나서 힘껏 노래를 부르셨다.

더듬어 지나온 길
피고 지던 발자국들
헤이는 아픔 대신
즐거움도 섞였구나
옛날은 가고 없어도

그때 어른거려라.

91세의 아버님이 부르신 '옛날은 가고 없어도.'

중풍으로 몸이 불편하고 말씀도 어눌해 발음이 좀 흐린 편이지만 아버님의 노래 속엔 누구도 당하지 못할 만큼의 감정이 빼곡히 실려 있었다. 그것은 그냥 가곡이 아니고 삶의 노래였다. 자식들에게 모든 걸 다 내어 주고 걷기뿐인 몸으로 애잔하게 부르는 노래, 어쩌면 아버님은 생의 끝자락에서 인생의 허망함을 이 노래에 접어 부르셨는지도 모른다.

식구들이 모두 일어서서 함께 부르며 아버님을 응원했다. 노래가 끝나자, 우리는 환호의 박수와 감격의 눈물로 아버님을 얼싸안으며 초가을 밤을 채우고 있었다.

그러나 그 노래가 아버님의 마지막 노래가 될 줄이야.

그로부터 한 달이 채 못 되어 아버님은 심장마비로 혼자 세상을 떠나셨다. 그렇게 많이 베풀고도 정작 먼 길 떠나실 적엔 지켜보는 식구 하나 없이 홀로 떠났으니 그 외로움이 오죽하셨을까.

음악을 사랑하고 음악 속에서 행복하게 사셨던 아버님은 떠나셨지만, 마지막까지 지키셨던 국내 첫 클래식 음악감상실의 역사는 계속 이어지고 있다. 생전의 아버님 뜻대로 음악감상실은 대구시에 기증되었고, 중구 향촌동에 마련된 '향촌문화관, 대구 문학관' 지하 1층에 옛 모습을 그대로 옮겨 명맥을 유지하고 있다.

나는 음악을 들으며, 눈에 익은 내부를 찬찬히 살펴보았다. 이전에 우리 감상실에 있던 의자와 피아노, 3,000 여장의 LP·SP 레코드, 아버님이 1940년대에 집을 판 돈으로 구매했다던 영국제 스텐토리안 스피커까지 모두 아버님의 애장품을 고스란히 옮겨 놓았다.

레코드 중에는 일본에 다녀오는 지인에게 부탁해 사서 모은 베토벤 심포니 전집과 피아노 소나타 등 귀한 레코드도 뮤직 박스 안에 꽂혀 있다. 최고의 연주자와 지휘자가 녹음한 곡이 시중에 나오기만 하면 어떠한 경로든지 서슴없이 구매하시던 아버님의 음악 사랑이 빼곡히 들어있는 듯하다.

음악이 끝났다. 이제는 일어서야겠다.

아버님의 음악실은 역사 속으로 사라졌지만, 이렇게 '녹향음악감상실'을 관리하며 유지해 주는 대구시 중구청에 감사하는 마음을 보낸다.

큰애와 나는, 우리 식구들의 추억과 애정이 담긴 국내 최초의 음악감상실인 '녹향음악감상실'이 영구히 지속되길 기원하며 안녕을 고했다.

우리 가곡 : 「옛날은 가고 없어도」

남폿불 역사

이정남

　가끔 돌아가신 아버지가 보고 싶을 때, 나는 컴퓨터에 저장된 우리 가족 동영상 보기를 즐긴다. 20여 년 전 식구들의 여름휴가 때 찍은 동영상인데, 아버지가 즐겨 부르시던 대중음악 「남폿불 역사」를 배경음악으로 넣어서 제작해 놓은 3분짜리 동영상이다.
　속초에 있는 어느 콘도에서 여름휴가를 즐기던 때인 것 같다.
　회 한 접시를 가운데 두고 아버지를 중심으로 식구들이 모여 웃으며 이야기를 나누는 모습도 있고, 아들들이 장난치느라 어머니를 일부러 놀려서 약 오르게 해놓고 다시 달래는 모습도 담겨있다.
　회를 맛있게 드시는 아버지도, 뽀로통해 있는 어머니도, 누이며 형제, 제수씨들도 모두 지금보다 훨씬 젊은 90년대 초반의 어느 여름이다. 하나같이 웃음이 가득하고 행복해 보인다.
　아버지는 가족들과 술이라도 한잔 마시고 기분 좋게 취기가 오르면 부르시는 노래가 있다. 1940년도 백년설이 불렀던 「남폿불 역사」라는 곡이다. 여기서도 어김없이 아버지는 이 곡을 부르셨고, 우리는 아버지가 부르시는 「남폿불 역사」에 장단을 맞추면서 여름휴가를 즐기고 있다.

군에 입대 후 첫 휴가 때의 일이다..
아버지는 나를 접대부가 있는 술집엘 데리고 가셨다. 아버지 나름대로는 계급과 규범 속에서 지내는 아들이 안쓰러워 어떻게 하든 좀 풀어주고 싶으셨던 모양이다.
나에게 술을 권하고 나는 주는 대로 다 받아먹었다. 아버지는 또 기분이 좋으셨던지 젓가락 장단을 맞추어 노래를 부르셨다. 「남폿불 역사」, 바로 이 곡이다.

남폿불에 타고 남은 낭자머리 옛사랑을
깊은 가을 문풍지에 실어서 보냈는데
술잔에 방울방울 눈물은 웬일이요.
내 어찌 당신을 잊고서 살겠소.

- 백년설의 「남폿불 역사」

몇 번의 술잔이 오고 가는 동안 나는 술에 못 이겨 인사불성이 되었다. 40대 초반의 젊은 아버지 등에 업힌 나는 노래의 첫 가사 '남폿불에 타고 남은 낭자머리 옛사랑을'만 수도 없이 되뇌고 있었다.

동영상을 되돌려 본다.

불콰해진 모습, 기분 좋은 웃음, 그땐 몰랐던 기쁨의 순간들, 참으로 아름답고 훈훈한 우리 가족들….

그리운 아버지는 지금 내 곁에서 「남폿불 역사」를 부르고 계신다.

― 「악선 이창수와 녹향음악감상실」(2016년 출판)에서 옮김

▶ 글씨체 : '온글잎 이정남체' ◀

백년설 「남폿불 역사」

「추상(Souvenir)」을 추억하다

창문을 여니, 상쾌한 바람이 얼굴에 와 닿는다. 라디오 FM에선 들드라(Drdla)의 「추상(Souvenir)」이 흐른다. 열어젖힌 창밖으로 피아노와 바이올린의 아름다운 선율이 바람을 가른다. 오늘도 행복한 하루가 예감된다.

아파트에서 내려다보이는 초등학교 교정에는 조기축구를 하는 팀들의 경기가 한창이다. 음악을 들으며 차 한 잔 들고 운동장을 내려다보는데, 누구를 응원하는지 여학생 둘이 손을 흔들며 운동장 관중석에 있다. 나에게도 저런 어린 시절이 있었는데…. 음악 속 기억 저편에 철없고 순수하던 단발머리의 내가 앉아 있다.

체코 출생 들드라(Drdla)는 바이올린 연주자이면서 작곡가이다. 250여 곡의 바이올린 독주곡과 협주곡, 피아노 3중주곡, 오페레타 등을 작곡하였고, 그중 「추상(Souvenir)」이 가장 유명하다.

들드라는 베토벤, 슈베르트, 브람스, 모차르트 등이 잠들어 있는 빈의 중앙묘지를 자주 찾아가 음악의 스승들과 마음의 대화를 나누곤 하였다. 그러다가 문득 떠오른 멜로디가 바로 이 곡 「추상(Souvenir)」이다.

들드라는 그 멜로디를 잊지 않으려고 떨어져 있는 낙엽을 주워 오선을 그리고 주제를 적었다고도 하고, 구두 밑바닥에 오선을 그려 선율을 적었다는 이야기도 전해 온다. 혹자는 슈베르트의 묘지 앞을 지나던 전차 속에서 악상이 떠올라 손에 쥔 전차표에 멜로디를 메모했다고 전해지기도 한다. 중3 때 음악 시간에 선생님이 들려준 작곡 배경 내용이다.

순간적인 영감으로 이렇게 아름다운 곡을 작곡했다는 것이 놀라웠고 내가 뜨겁게 사랑한 곡이라 해도 과언이 아닐 만큼 좋아했다. 잔잔하면서도 애잔한 바이올린의 선율은 아직 어리고 순수했던 나의 감성을 사로잡기 충분한 곡이었다.

그 후부터 나는 이 곡을 듣기 위해 학교 음악 방송의 애청자가 되었다. 그 무렵 우리 학교 방송실에선 하교 시간에 한 시간가량 교정으로 음악을 내보내는 시간이 있었다. 음악을 좋아하는 나와 같은 학생들에겐 특별한 호사였다.

「아베마리아」, 들드라의 「추상」, 「소녀의 기도」, 「엘리제를 위하여」, 「G선상의 아리아」 등, 소녀들의 감성을 울리는 소곡을 들을 수가 있었는데, 그중에서도 「추상」은 나의 첫 번째 애청곡이다. 하교 시간이면 매일 본관 중앙에 매달린 둥그런 철제 스피커와 마주 보이는 벤치에 앉아 이 곡을 듣고서야 집으로 가곤 했다.

그러나 교정으로 달려 나와 벤치에 앉아 있는 데는 또 한 가지의 속내가 있었다. 내 마음속의 '제임스 딘' J 선생님을 보기 위해서였다. 체육 교사인 J 선생님은 그냥 쳐다만 봐도 가슴이 두근거리는 내 순정의 대상이었다.

방과 후엔, 다가올 전국체전 준비로 육상 선수들에게 육상 지도를 하는 선생님을 운동장에서 오랫동안 볼 수가 있었다. 수줍어 말 한마디도 못 하면서 행여나 돌아보기라도 할까 간절히 바라는 중3 단발머리의 나는, 선생님의 하얀 바지와 감색 티셔츠, 빨간색 모자를 뚫어져라 보며 동경의 눈빛을 보내곤 했다.

심지어는, 어느 때 내가 읽고 있는 책을 보며, "오, 좋은 책을 읽고 있구나."라는 말을 들은 이후, 줄곧 내 손에서 떨어지지 않던 책 「영원과 사랑의 대화」를 무릎 위에 펼쳐 놓고 앉아 있기까지 했다. 흠모하는 J 선생님과 들드라의 「추상」이 있는 오후의 시간이 난 그저 행복하기만 했었다.

그런데 어느 날, 그 행복의 울림이 일그러지는 일이 있었다. 안동에서 학교 다니는 선생님의 아들이 아버지를 찾아 왔었다. 무슨 연유인지는 모르나 아들은 아버지에게 대꾸하고 아버지는 아들을 꾸짖는 장면을 목격하게 된 것이다.

근처에서 무심코 둘의 대화를 듣고 있던 나는 갑자기 머리가 하얘지는 느낌이 들었다. 내게 들리는 J 선생님의 심한 안동 사투리. 너무나 생소했다. 커다랗게 부풀던 풍선이 주저앉는 느낌이랄까. 갑자기 나는 미묘한 이질감과 알 수 없는 실망감에 책가방을 챙기며 그 자리에서 일어났다.

교문을 나서는데 들려오던 그날의 「추상」은 왜 그리도 쓸쓸하게 느껴지는지. 낙엽 지는 가을 길에 홀로 서 있는 듯 짙은 외로움이 느껴졌다. 마음속 '제임스 딘'의 환영이 무너지는 순간, 괜스레 눈물이 흘렀다.

지금 와서 돌아보면 우습기도 하고 단순하기 짝이 없는 일이지만, 그래도 손바닥만 한 세상밖에 모르던 어린 날이 수줍은 들꽃처럼 예뻐 보인다. 아주 작은 것에 웃고 울던 날이었으나 순수 자체만으로도 충분히 아름답던 시절의 추억이다.

연둣빛 봄나무 같던 나는 이제 고목이 되었다. 긴 여정 휘휘 돌며 상처투성이의 시간도 걸어 봤고 실망과 애증 때문에 번민도 해 봤다. 미치도록 좋아하던 열정도 식었고 순수했던 영혼도 멀어진 지 오래다. 그래도 오늘 아침, 음악 한 곡과 커피 한 잔에 내가 이렇게 행복한 걸 보면, 작은 것에 행복해 하는 소박함은 여전한가 보다.

추억 속에 잠기는 동안 음악은 길게 현을 밀며 멀어지고 있다. J 선생님은 아직 살아 계실까? 식어 버린 커피를 한 모금 마셔 본다.

쓰다. 사그라진 세월만큼이나.

들드라 – 추상(Drdla – Souvenir)

메모리(Memory)

'아, 캣츠. 그리고 메모리…'
버스에 앉아 무심코 차창 밖으로 고개를 돌렸는데, 벽보판에 포스터를 붙이는 청년들이 보인다. 뮤지컬 「캣츠」의 광고 포스터다.
'어느새 십여 년의 세월이 훌쩍 지나 버렸네…' 기억 저편에 접어 둔 그날의 나를 떠올려 본다.
큰아이가 우리 부부를 위해서 뮤지컬 「캣츠」의 공연 입장권을 준비해 줬다. 세계적인 뮤지컬 공연단의 내한 공연이었다.
그때 남편은 항암 치료를 끝낸 직후였으니 몸은 말할 수 없이 쇠약해 있었고, 장시간 앉아 있기도 힘든 시기였다. 조금 걱정이 되긴 했지만, 뮤지컬을 좋아하는 엄마 아빠를 위해 딸이 특별히 준비한 것이라 고맙게 받아 들고 공연을 보게 되었다. 그 당시 지방에선 쉽게 볼 수 없었던 공연이기도 했다.

뮤지컬 「캣츠」의 대략 내용은 이러하다.

배경은 T. S 엘리엇의 시, 「지혜로운 고양이가 되기 위한 지침서」를 바탕으로 꾸며졌다. 매년 같은 날 밤, 고양이들이 쓰레기 더미가 가득한 공터로 모여든다. 모두 제각기 사연을 소개하는 가지각색의 고양이들이다.

이들은 신비스러운 고양이 '듀터러노미'가 도착하기를 기다린다. 그가 오면, 모여든 고양이 중 한 마리를 가려내어 다시 새로운 고양이로 환생하는 기회를 주게 된다. 환생의 선택을 받을 수 있는 것은 오직 한 마리뿐. 저마다 그 선택이 자기가 될 것을 기대하며 호기심을 갖고 모여든다.

이때 초라한 모습의 창녀 고양이 '그리자벨라'가 노래를 부르며 등장한다. 그녀의 노래는 아무에게나 몸을 맡기며 방탕하게 지내던 자신의 과거를 후회하는 것이 아니라, 자신의 왕년에 인기가 있던 황금 시절을 그리워하며 새로운 날을 기다린다는 내용이다.

이 노래를 들은 모든 고양이는, 창녀 고양이 '그리자벨라'에게 다시 한번 세상에 태어날 수 있는 천혜의 기회를 양보한다는 내용이 담긴 극이다.

처음 시작할 때부터 고양이들은 객석으로 돌아다니며 관객과 손도 잡고 포옹도 하며 흥미를 돋우었다. 재빨리 무대 위로 오르는 고양이, 무대 위에서 정신없이 떠들며 자기들의 이야기를 하는 가지각색의 고양이들을 보느라, 나는 시간이 지날수록 극에 열중하고 있었다.

더구나 주인공인 '그리자벨라'가 등장하여 주제곡인 '메모리'를 부를 때는 마치 내가 '그리자벨라'라도 된 듯이 빠져들고 있었다.

"추억이여
아름다운 날들이여
나는 달빛 아래 홀로이
지난날을 생각하며 미소 지어요
그때는 참 아름다웠죠
추억이여 다시 돌아와 줘요
그리고 새로운 날이 시작될 거예요."

이 곡은 극 중 '그리자벨라'가 자신의 젊었던 날을 회상하며 부른 곡으로, 희망을 잃지 않고 새로운 날을 맞이하겠다고 다짐하며 부르는 노래다.

나는 점점 더 빠져들고 있었다. 흡사 외롭고 막막한 나를 위해 부르는 노래 같았다. 앞만 보고 여기까지 달려왔으나 병들고 초라해진 지금의 우리 모습이 저 '그리자벨라'같이 보잘것없다고 생각하니, 더할 수 없이 서글퍼졌다. 마침내 나는 옆자리에 앉은 사람에게도 들릴 만큼 흐느끼고 있었다.

그러나 몸이 성치 않은 남편은 시간이 지날수록 몸에 무리가 갔었다. 딸의 배려로 VIP석에 앉았건만, 오히려 에어컨의 찬바람 때문에 추위에 떨고 기운도 떨어진 것이다. 옆에서 훌쩍이고 앉아 있는 나에게 무어라 말은 못 하겠고 극이 끝나도록 기다리자니 쓰러질 것같이 힘들게 되자, 자기가 먼저 나가겠다고 할 때야 난 깜짝 놀라 정신을 차리고 일어났다.

아쉽지만 '그리자벨라'가 환생을 위해 천상으로 떠나는 장면은 뒤로 하고 공연장을 나왔다. 남편을 부축해 집으로 오면서도 내 입에서는 '메모리…'를 흥얼거렸고 무대 위의 장면들이 머릿속에서 빙빙 돌며 지워지지 않았었다.

지금은 남편도 나도 건강한 노년을 즐기며 살아가고 있다.

십여 년이 지나는 동안 세월은 나에게 많은 것을 가르쳐 주었나 보다. 그때의 그 '메모리'는 서글픔이 아닌 희망의 메시지였다는 것도 알고, 삶은 어둠보다 밝음의 시간이 더 길다는 것도 안다. 아마도 시간에서 배운 마음의 여유일 것이리라.

흘러간 굴곡쯤이야 아무려면 어떠랴. 지난날의 고단함은 잊고 지낸지 오래인 걸…. 골 깊은 근심 없이 살아가는 지금이 '그리자벨라'가 거머쥔 환생의 행운이나 다를 바가 없지 않은가.

포스터 한 장으로 인해 새삼스레 지나간 일을 떠올리는 동안, 승객은 모두 내리고 나만 태운 버스가 종점을 향해 계속 달려간다. 이제 나도 다음 정류장에는 내려야 한다.

뒤돌아보니, 우리네 인생도 겨우 버스 노선만큼이나 짧은 것 같건만

고작 이 길 위를 그렇게도 웃고 울며 달리고 넘어지며 살아왔다니. 지나고 보면 바로 엊그제처럼 짧게 느껴지지만, 그래도 살아가기엔 긴 인생길인 모양이다.

'그리자벨라'의 노래 '메모리'를 흥얼거리며 버스에서 내릴 준비를 한다.

> '… When the dawn comes, tonight will be a memory too. And a new day will begin…'
> 힘들고 낯선 생의 길 위에 서 있을지라도 포기하지 않고 살아가노라면 새로운 날이 시작된다는 메시지를 마음에 담으며….

Musical Cats – Memory

천 개의 바람이 되어

 밤새 내린 눈이 세상을 하얗게 덮었다. 매화나무 가지에 눈이 소복이 쌓였다. 기지개를 시작하던 매화가 봄눈 속에 다시 움츠렸을 것만 같다.
 거실 창 앞에서 내려다보는 설경이 참 아름답다. 이른 아침인데도 출근을 준비하느라 차량에 쌓인 눈을 터는 손길이 분주하다. 그중에는 하얗게 덮인 눈을 쓸어내리며 자동차에 캠핑 용구를 싣는 모습도 보인다. 배낭도 보이고 텐트도 있다. '이런 날에 캠핑을?'
 몇 년 전만 같아도 그이 역시 그랬을 것 같다. 아마 그이도 이렇게 아름다운 설경을 눈에 담고 싶어서 차에 쌓인 눈을 털며 길을 나섰을 것이다. 태백의 눈 마을도 한계령의 눈길도 거침없이 달려갔으니까. 그이는 늘 그랬다. 다니는 것을 좋아해서 시간만 있으면 길 위를 달리곤 했었다.
 지난해였다. 바람에 날려 흩어지는 매화 꽃잎을 바라보던 남편이 말

했다.

"아무래도 나는 올해를 못 넘길 것 같아"

내가 깜짝 놀라며 무슨 그런 자신 없는 말을 하느냐면서 소리 지르는데,

"그러게, 자신이 없네. 마지막으로 부모님 산소에나 다녀왔으면 좋겠는데, 내가 직접 운전해서 갈래."

하더니, 금방이라도 떠날 듯이 날짜를 짚었다. 몸이 점점 약해지니까 마음까지 약해진 것 같았다. 나는 남편을 탓하면서 장거리 운전은 절대 안 된다며 말렸다. 그리고 나서, 부모님 산소는 두 달 후에 다녀왔다. 대구까지 손수 운전하겠다는 고집을 꺾고 아들 내외의 손에 의지해 다녀 왔다.

지나고 보니, 그것이 그의 마지막 먼 거리 여행이었다. 10m를 걸어가기는 힘들어 해도 10km는 너끈히 운전하며 가끔은 바깥바람으로 답답한 가슴을 달래던 그이였다. 지금 생각해 보면, 침대 위보다 자동차 운전석을 더 편하게 여겼을 것 같다.

그로부터 두 달 후, 이제는 누워 지내는 날이 많아졌다. 큰딸이 제 아빠의 누운 모습을 보고 안타까워서, "아빠, 꼭 가 보고 싶은 데는 없어요?" 물었을 때, 그이는 물가에서 캠핑을 하고 싶다고 했다. 낚시를 하고 싶다고도 했다.

애들이 서로 연락하더니, 바닷가 캠핑카며 아빠가 편히 누울 수 있는 차까지 예약하고 함께 시간을 보내기로 계획했었다. 이 말을 들은 남편은 며칠 남지 않은 날을 기다리면서 꿈꾸는 듯 좋아했었다. 그러나 그것

도 차츰 자신이 없는 듯, 결국 못 갈 것 같다며 예약을 취소하라고 했다.

모든 걸 포기했다. 하지만 마지막까지 자동차 키(key)만은 자기 침상 옆에 두고 애틋한 시선을 보냈었다. 가끔은 손에 쥐고 만지작거리다가 다시 놓곤 했다. 얼마나 훨훨 달리고 싶었을까. 바람처럼 달리던 지나간 날들이 얼마나 그리웠을까.

그이는 가을이 가장 예쁜 달 10월에, 머나 먼 길을 떠났다.

남편의 비문(碑文)에는 '바람처럼 자유롭게'를 새겼다. 바람처럼 휘휘 돌고 싶어 하던 그이의 소원을 이루라는 뜻에서다. 남편은 자기가 살아온 일생이 늘 뒤안길 같다는 생각을 지우지 못했었다. 말 않고 살았을 뿐이지, 일생이 얼마나 답답했으면 늘 그렇게 길 위를 달리고 싶어 했을까. 이제 남편은 자유로운 바람이 되었다.

요즈음 남편을 생각하며 부쩍 자주 듣게 되는 노래가 있다. 임형주가 개사해서 불렀던, '천 개의 바람이 되어'라는 곡이다. 바람처럼 다니고 싶었던 그이는 이 노래의 가사처럼 자유로운 천 개의 바람이 되어 날고 있을 것만 같다. 어느 때는 내 곁에도, 어느 때는 보고 싶은 아이들 곁에도….

"나의 사진 앞에서 울지 마요. / 나는 그곳에 없어요. / 나는 잠들어 있지 않아요. / 제발 나를 위해 울지 말아요. / 나는 천 개의 바람 / 천 개의 바람이 되었죠. / 저 넓은 하늘 위를 / 자유롭게 날고 있죠.

가을엔 곡식들을 비추는 따사로운 빛이 될게요. / 겨울엔 다이야몬드처럼 / 반짝이는 눈이 될게요. / 아침이면 종달새 되어 / 잠든 당신을 깨워 줄게요. / 밤에는 어둠 속에 별 되어 당신을 지켜 줄게요.

나의 사진 앞에 서 있는 그대, / 제발 눈물을 멈춰요. / 나는 그곳에 있지 않아요. / 죽었다고 생각 말아요. / 나는 천 개의 바람/ 천 개의 바람이 되었죠. / 저 넓은 하늘 위를 / 자유롭게 날고 있죠."

눈을 털고 매화 꽃망울 몇 개를 땄다. 베란다 문도, 창문도 활짝 열어서 바람을 맞이해야겠다. 찻잔 두 개를 준비하고 매화꽃 차를 만들어야지. 따뜻한 찻잔 안에서 매화 꽃망울이 활짝 필 때, 바람이 되어 나를 찾아온 그이에게 매화꽃의 은은한 향기를 선사하고 싶다.

천 개의 바람이 되어

부 록

그대에게
보내는
넋두리

위암 4기(2007. 2.)

　수술실 앞 보호자 대기실에는 나와 진형이 그리고 돌 지난 현진이를 업고 서 있는 희영이가 수술실 문만 쳐다보고 있다.
　수술 예정 시간보다 2시간이 지나자 초조해진다.
　"그래도 수술실에서 일찍 부르지 않아서 다행이어요."
　초조해 하는 나를 안심시키기 위해 아들이 하는 말이다.
　수술실에 들어간 지 얼마 되지 않아 보호자를 불러, 수술이 불가하다며 병실로 보내기도 하는 다른 가족보다는 희망이 있다는 말이다.

　수술을 끝내고 나오는 남편의 몸엔 항암 약을 포함한 주사제가 주렁주렁 달려 있다.
　개복해 보니 위암 3기가 아니고 4기까지 와 있더라고.
　그냥 덤덤해진다.
　어떻게 해야 하는지, 어떤 방법이 있는지.
　아는 것도 해답도 없다.
　텅 빈 머릿속에 막막함만 가득하다.

그대에게 보내는 넋두리(2007. 3.)

이보시게,
오늘은 내가 그대에게 넋두리를 늘어놓으려 하는데 어떤가.
좀 들어 주지 않으려나.

어릴 적, 자네와 내가 놀던 놀이 중 다섯 개짜리 공기놀이가 있었지.
한 개, 두 개, 세 개, 네 개, 다 집고, 마지막에 공깃돌을 손등에 올렸다가 손바닥으로 다시 받아 쥐는 놀이 말일세. 그때 손등에 올리는 공깃돌을 높이 띄우지 말아야 다섯 개가 다 올라가고, 다시 손바닥에 받을 때는 짧게 띄워서 조심스럽게 받아야 다섯 개를 다 쥘 수 있지 않던가.

나는 요새 내 삶을 돌아보면서 그 공기놀이의 공깃돌 같다고 생각한다네. 날마다 키워 오던 내 꿈이 그만 너무 높이 올라갔던 모양이지? 다섯 개를 올렸다가 받아 보니, 손바닥에 받아 쥔 돌이 떨어진 것보다 적으니 말일세.
뭐 그리 욕심을 내지도 않았는데 그렇더군.

인간의 꿈이 때론 풍선 같아서 세게 불면 터져 버리고, 때론 나비같이 꽃 따라 날아가 버리기도 하고, 더러는 꽃 같아서 잘 피었다가도 금세 시들어 버리니, 참 허무하기도 하더군. 꿈이란 그저 꿈일 뿐이고 빗나간 꿈에 뒤엉킨 내 인생은 허망 그 자체라네.
   그저 소박하게 살았는데….
   세월이란 놈이 고운 바람 같이 날 찾아왔다 가듯 무덤덤하게 그렇게 살았다고 생각했는데도 그것도 욕심이었던 모양일세.

   그럼에도 불구하고 나는, 또다시 공기받기의 차례가 나에게 돌아오기를 기다린다네. 이번엔 정말 내 손에 맞는 작은 공깃돌을 주워서 다시 해 볼 생각이네. 그야말로 사~알짝만 올려서 자~알 받아 보려고 하네. 해가 지기 전에 제대로 받아 보고 집에 들어가야 하지 않겠는가. 육십 년을 살고도 포기할 수 없는 인간의 본능 같은 꿈이 아직도 덕지덕지 붙어 있는 날 보면서 이렇게 그대에게 넋두리한다네.
   '영례야, 너 밖에 어디다 넋두리할 데가 없구나.'

- 3월의 봄, 어느 날

1차 항암주사 후 병상에서(2007. 4.)

서글프다.
결국, 이것밖에 안 되는 걸까?
훌훌 다 타 버린 세월이 서럽다.
허둥대며 여기저기 구멍 난 삶의 시간을 기우느라
고생도 어지간히 한 줄 알았는데
아직도 남아 있단 말인가.
60년 인생의 길에 다 쏟아부어 가며 달리느라
발바닥까지 말라 버린 기운으로
날 보고 어떻게 가란 말인가.
도대체 이 광야의 끝은 어디까지란 말인가.

항암제를 이기지 못해 지칠 대로 지쳐서
바닥에 그냥 널브러져 있는 그이와
지키고 앉아 힘없이 구경만 하는 나의 처지가
쓸모없는 물건을 방 가운데 굴려 놓은 것 같다.
너무도 어렵고
너무나 힘든 여정이다.

7번 국도에서(2007. 5. 3.)

   집을 빠져나온 우리는 무작정 도로 위를 달렸다. 무거운 공기로 가득 채워진 집은 우리를 누를 것만 같았다. 남의 일 같던 위암 4기라는 단어가 그이에게 붙었다. 뒤통수를 얻어맞은 듯한 충격에 아직 정신을 못 차리고 있는데, 이미 항암 치료가 바쁘게 이어지고 있다.
   이 고되고 질긴 불운의 삶은 도대체 얼마나 우리를 괴롭히려고 여기까지 끌고 오는지, 억울함에 세상이 밉고 하늘도 원망스럽다. 이제는 내일이라는 단어조차도 거부하고 싶어진다.

   사는 것이 그랬었다. 우리는 늘 고달픔의 길 위에 서 있어야 했다. 삶이 순탄치가 않아 앞뒤로 충돌을 일삼는 길이었지만, 그래도 달리기를 늦추지 않고 앞만 보고 살아왔었다. 질곡의 세월이 어깨 위로 짐을 얹고 또 얹고 했어도 애써 무겁지 않은 듯이 이고 지며 달리기를 수십 년간 하며 살아왔다.
   아직도 갈 길이 많이 남았는데, 아직도 할 일이 많이 남았는데…
   여기서 중단해야 하는 심정은 그저 참담하기 이를 데가 없다.

   7번 국도에 다다랐다.
   봄은 가히 보석에 가까우리 만큼이나 아름답다. 자연은 우리의 슬픔 따윈 아무런 관심도 대꾸도 없이 그냥 반짝이기만 한다. 나뭇가지엔 비췻빛이 잎새로 흐르고 햇살은 다이아몬드를 부어 놓은 듯 반짝이며 바다 위로 쏟아진다.
아지랑이 끝에서 우는 뻐꾸기는 이름 모를 새들과 봄의 소리를 연주하는데, 무거운 겨울옷을 아직도 벗지 못한 그이만 5월의 이방인이다.

바다가 보이는 숲 언저리에 앉자마자 나는 두려움과 억울함에 북받쳐서 소리 내어 울었다. 너무 힘들어서 울고 다 떠내려 보내고 싶어서 울고 그냥 잊어 버리고 싶어서 마구 울었다. 봄바람이 무거워서 가져가지 못한 삶의 무거운 보따리를 그렇게라도 떠내려 보내고 싶어서 한참을 꺼이꺼이 울고 있었다.
그렇게 절실했다. 삶이 이렇게 눈물로 가벼워질 수가 있다면 지난 세월의 고생쯤이야 아무렇지도 않겠고, 삶의 부분 부분을 잘라서 바다에 던질 수만 있다면 지금의 이 부분은 파도 위에 올려 놓고 도망이라도 치고 싶은 심정이다.

그러나…
아무것도 달라진 것이 없다. 그저 슬픔 한 오라기 나무 밑에 내려 놓았을 뿐 고통의 돌덩이는 건기뿐인 몸속에서 그냥 부대끼고 있다.
"그래, 쓴 약일 뿐이야. 뱉어 내면 되는 거야."

어렴풋이 세상이 희미하게 눈에 들어올 때, 내 마음속에는 비탄과 각오가 번갈아 교차 되며 지나간다. 그냥 어쩌다 잘못해서 목구멍으로 넘어간 쓰디쓴 약이거니, 그래서 좀 힘들지만, 역류시켜 뱉어 내면 되는 것이겠거니 해 보기도 한다.
  어떤 형태든 사람들은 세월의 강을 비켜설 수가 없음을 안다. 그 강의 물굽이가 높을 때는 그에 맞서 더 힘차게 노를 저어야 하는 것도 알고 있다. 이 시간을 넘기고 세월이 흐른 뒤에 어쩌면 귀한 오늘을 감사드리는 날이 있을지도 모른다.

  왜 살아야 하는지도 구분이 안 되는 혼란을 안고 우리는 잘 못 넘어간 쓰디쓴 약을 뱉어 내기 위해 다시 일어섰다. 아무것도 달라진 것도, 내려놓은 것도 없지만, 남편과 나는 비단 같은 이 길을 따라 다시 아픈 세상 속으로 달리며 돌아오고 있다.
  길옆에 선 푸른 오월의 나무가
  우리를 격려하는 듯이 손짓해 주는 사이사이로….

잠 못 드는 밤에(2007. 5. 21.)

오늘은 그이가 종일 우울한 것 같다.
어제 E-마트에 다녀온 피로가 상당하고
겹친 설사로 인한 탈수증으로 시달리고 있지만,
그보다 더 힘든 것은, 내일 있을 검사 결과에 대한 부담으로 스트레스를 받는 것 같다.
음식도 거의 먹지 않고 침대에서 내려오지도 않는다.

수술 후 처음 받아보는 검사 결과다.
혹시 더 전이가 되어 있지나 않은가?
그러면 어떻게 되는 것일까?
나도 이렇게 애가 타는데
그이의 속은 또 얼마나 태우며 들어가고 있을까?

너무도 무섭고 불안한 밤이다.
오랜 세월 동안 힘든 일 하면서 지친 육신을
또다시 병으로 지치게 만들다니….
참으로 가혹한 고통을 죄 없는 그이에게 내리는 것만 같다.

매일 매일 새까맣게 타들어 가는 살빛을 보면서 울고

계속해서 내려가기만 하는 체중 때문에 한숨 짓고
죽음과 맞서야 하는 무거운 마음 등등을
아침부터 밤까지 아니 잠자리 속에서 꿈에서까지.
가슴으로 울부짖는 그이를 보며
나는 보이지 않는 곳에서 소리 죽여 흐느낀다.

아!
우리에겐 너무도 소중한 이 하루가
맷돌보다 무거운 고통만 어깨에 얹어 놓은 채
또 우리의 뒤로 숨어 버리는구나.

보잘것없는 모습이지만, 지금 그이는 살아 있다(2007. 6.)

지금은 항암 치료 중.
주사가 힘이 들어 약으로 바꾸었지만 약 역시 만만치가 않다.
약을 타러 갈 때마다 먹을까 말까를 고민한다. 그래도 또 의사의 말을 들으며 약을 받아 온다. 매번 망설여도 약은 착실하게 잘 찾아 먹는다.

그이의 후각이 무척 예민해졌다. 아무 냄새도 맡기 싫어한다. 내 몸에서 나는 로션 냄새며 음식 냄새도 구역질한다.
그이의 방으로 통하는 문은 굳게 닫혀 있다. 빛을 보면 약 부작용으로 눈물을 동반한다. 그래서 커튼도 내리고 불도 꺼 놓았다. 그이의 방은 늘 조용하고 깜깜하다.
죽음에 대한 불안과 공포가 아주 가끔 나를 떨게 하지만 하나님이 우리에게 내려 주신 축복의 양이 아직 많이 남아 있다는 나름의 해석을 해 보며 스스로 위안한다. 그이는 화장실을 다니는 것 이외에는 종일 병을 부둥켜안고 침묵하며 누워 있다.

내가 해 줄 수 있는 일이란, 아주 적은 양의 먹을 것을 컵에다 담아 몇 번씩 주는 게 고작이다. 물을 많이 마셔야 하는데도 물조차 토하니 마실 수가 없다. 토할 것도 없는 뱃속에서 암 덩어리나 빠져나오면 좋으련만 아무리 토해도 암은 토해지지 않는다. 침 뱉듯이 뱉어서 닦아

낼 수는 없을까?

닭죽을 몇 술 뜨고 거실을 한 바퀴 돌며 걸어 본다.
그이의 외출이다.
어쩌다 죽 한 술만 먹어도 자랑하고 싶어진다.

"보잘것없는 모습이지만, 지금 그이는 살아 있다."
이렇게.

여신도 회원의 심방(2007. 6.)

야곱이 광야에서 하나님께 서원하길,
"하나님이 나와 함께 계셔서 내가 가는 이 길에 먹을 떡과 입을 옷을 주시어 내가 평안히 아버지 집으로 돌아가게 하시오면 내게 주신 모든 소유 중에서 십분의 일을 내가 반드시 하나님께 드리겠나이다."
하였다. 그리고 그 후 야곱은 하나님의 축복으로 이스라엘이라 부름을 받게 되었고, 이스라엘은 자손이 번성하여 하나님의 택함을 받은 백성이 되었다.

이 구절은 평소에 내가 축복받고 싶어서 늘 간구해 오던 서원의 구절이다. 하나님이 나와 함께 계심을 확실히 믿고 서원할 때, 반드시 이루어진다는 성경 말씀이다.

오늘 심방에서 이 말씀을 읽었다.
"하나님이 집사님의 가정에 머물고 보호하심을 꼭 믿으세요. 그리고 기도하세요. 하나님은 반드시 집사님의 기도를 들어 주십니다."
라며, 권사님이 내게 말씀과 기도를 당부한다.
함께 방문한 집사님의 기도로 위로의 예배를 마쳤다.

심방을 마치고 모두 날 위로하고 간다. 그런데도 나는 아무 생각도 없어진다. 그냥 몹시 화가 날 뿐이다.

기도의 힘을 믿고 싶지도 않다. 신앙생활 잘하시던 목사님들이나 장로님들도 일찍 돌아가신 분들이 많은데, 그분들은 왜 일찍 하나님이 데려가셨단 말인가. 기도가 모자란 것도 예배를 소홀히 한 것도 아니었고, 하나님께 데려가 달라고 기도했던 것은 더더구나 아니었다.

그이가 아프고 나서 내게는 신앙이라는 게 존재하지 않는다. 지금의 나는 하나님과 맞붙어 싸우고 싶은 마음뿐이다. 살아가면서 잘못이 있었다면 그만큼의 고생으로 충분히 셈이 끝난 것이 아니냐고. 하고많은 사람 중에 왜 하필 우리냐고.

따져 볼 수 있다면 악을 써서라도 따지고 싶다. 낫게만 해 준다면 따위는 입에 담고 싶지도 않다. 그래서 나는 서원 같은 건 아예 하고 싶지도 않아졌다. 하나님과 대치해서 도대체 우리를 어떻게 하겠다는 것인지 답이라도 들어야겠다는 마음이 솔직한 심정이다.

어떻게 하면 이 힘든 굴레를 벗어날 수 있는지. 또 누구를 붙잡고 살려 달라고 애원해야 하는지. 그저 막막한 심정으로 하루가 지나고 마귀 같은 밤은 또 우리를 점령하는데, 아무것도 먹지 못해 눈도 뜨지 못하는 저이는 이 밤이 또 얼마나 무섭고 길기만 할지….

그래도 머릿속엔 또 '하나님 하나님' 하며 성경 말씀이 회오리 돌 듯 빙빙 돌아가고 있다.

"여호와여 나의 죄악이 크오니 주의 이름으로 말미암아 사하소서(시편 25편 11절)"를.

이스라엘의 하나님, 야곱의 하나님, 다윗의 하나님, 내 위에 계신 하나님.

낮게만 해 주신다면, 낮게만 해 주신다면….

여호와여 나의 죄악이 크오니 주의 이름으로 말미암아 사하소서.

저의 죄가 크오니 용서하소서. 용서하소서….

손자 태어나는 날(2007. 7. 5.)

왜 그리도 보고 싶어 하는지.
손자를 보러 서울 가겠다고 나서는 데는 막을 수가 없다.
병원에서 영양제에 수면제까지 받아 들고
손자가 태어난 걸 보기 위해 서울로 간다.
몸무게 38Kg.
7월 5일의 무더운 날씨에도
두꺼운 내의를 입고 이불을 덮고서 간다.
서울은 오백 리인데 근심은 천리다.
앉지도 못해 누워서.

나의 무릎 위에 올려 놓은 그이의 머리 무게는
영락없는 낙엽 한 장이다.
다 빼 주었나 보다.
아이들에게 빼내 주고
세월에다 빼내 주고 그렇게 다 빼 주었나 보다.
남은 건 그저
바스락바스락 사그라지는 빈 껍질인 몸과
힘든 수레 움켜쥐던
가장의 멍울뿐이다.

지금 내 무릎 위에는
바람에 떨어진 마른 낙엽 한 장이
추위에 떨며 흔들리고 있다.
더운 여름날에.

마른 낙엽 같은 그이가 손자를 보겠다고
서울이라는 데를 가고 있다.

- 서울 가는 차 안에서.

내 친구 Y에게(2008. 4.)

그동안 나는
좋은 것만 바라고 살지는 않았다네.
그런데도 내겐
언제나 무의미한 생의 연속뿐이었다네.
그걸 탓하지는 않았지만
무덤덤한 세월에는 늘 염증을 느꼈었다네.
그런데 요즘 비로소 나도
사랑할 수밖에 없는 아름다운 세상을 만났다네.

눈부신 햇빛이 쏟아지는 이토록 아름다운 계절에
새소리는 음악처럼 흐르고
창문만 살짝 비껴도 솔밭과 바다를 볼 수 있는 집에서
문 비집고 들어오는 신선한 바다 냄새 맡으며
편지글을 쓰는 행복. 그리고

평범한 식탁 위의 푸성귀와
낚시해 온 물고기로 끓인 매운탕에서
시름없는 생의 한 토막을 발견할 때
어찌 이리도 아름다운 날이

나에게도 주어지는지
모든 게 감동스럽고 사랑스럽기만 하다네.

하나님은,
내가 바라지 않았던 좋은 것까지도
내 삶에 덤으로 얹어 주셨다네.
그리고 나에게
삶의 가치 기준을 말없이 가르쳐 주셨다네.
이 얼마나 감사한 삶인가.

특별한 산행(2009. 10.)

"인제 제대로 인간이 되었나 봐."
어제 무리한 산행을 하고 밤에는 다리에 쥐가 나서 아프다더니, 아침에 다시 바닷가로 낚시하러 나가며 남편이 던지는 농담이다.

"구룡폭포까지 2.5km, 만물상까지 3.6km, 만물상까지는 갔다 올 수 있을 거야."
소금강 마지막 주차장에서 안내표지판을 보며 만물상까지 가겠다고 할 땐 내심 걱정도 되었다. 몸무게가 37kg까지 내려가 도저히 마지막까지 항암 치료를 받을 수가 없어서 중도에 포기한 지 이제 겨우 15개월. 지난 4월 말에는 폭포까지도 못 가고 금강사에서 내려오고 말았었다.

여유를 가지고 천천히, 천천히.
남편과 나는 한계를 시험하기 위해서 천천히 산에 오르기 시작했다. 그다지 경사가 급하지도 않은 산이라 힘들지는 않지만 무리하지 않으려고 천천히 오르며 가을산을 밟았다.
계곡에 내려앉은 가을 잎새가 계곡물을 따라가다가 바위 사이에 막혀 무리 지어 물 위로 떠다니기도 하고, 먹이 구하러 나온 다람쥐는 사람들에게 떠밀려 도망 다니기 바쁘다. 자연이나 사람이나 자기의 의지대로만 살 수가 없기는 마찬가지인 것 같다.

폭포를 지나 무리 없이 만물상까지 왔다. 그래도 남편은 조금 더 걷
자고 했다. 조금은 자신이 생기기도 해서 0.6km를 더 걸어 백운대까지
올라가 보았다. 거기서 우리는 싸 온 점심을 먹고 곧장 내려왔다.
왕복 8.2km를 네 시간에!
우리는 둘 다 말이 없었다.
그러나 내 가슴속에서는 헤아릴 수 없는 숱한 언어가
용솟음치고 있었다.
이제는 괜찮은 거야, 이제는 걱정 없어 등등.

수많았던 걱정의 갈래와 힘든 병상의 무거웠던 짐을
계곡 속에 던지고 내려오는 나의 눈에 보이는 가을하늘은
더없이 맑고 티가 없었으며
잎 떨어진 감나무에 수없이 달린 붉은 감은
남편의 건강에 채점 100점을 매겨 주는 빨간 색연필처럼
아주 아주 선명하고 붉은 동그라미들이었다.

벚나무 · 1(2023. 9. 9.)

  기다리지 않아도 계절은 바뀐다.
  유난히 더웠던 여름도 지나고 가을이 시작되나 보다. 잊고 있었다. 허무함만 가득한 시간 속에서 고개만 숙이고 다녔었나 보다. 우연히 고개를 들어 보니 하늘은 너무나도 파랗고 야속하리만큼 말갛다. 가로수의 벚나무는 하나둘 가을 물을 들이고 있다.
  이렇듯 우리네 인생 여정도 원하든 원하지 않든 수순을 밟아간다. 이제 곧 겨울이라는 생의 마지막이 순식간에 찾아오겠지.
  지금 내 손에는 칼국수 한 봉지와 애호박이 쥐어져 있다. 이미 남편은 잘 넘기지도 못하면서 먹겠다며 원하기에 부리나케 마트에 갔다가 집으로 가는 중이다.
  남편의 시간은 어디까지인지, 저 벚나무 잎이 예쁜 색으로 물이 들 즈음에도 그이의 시간이 우리와 함께 있을지…. 아니야. 넘어지면 다시 일어나듯, 겨울이 지나면 봄이 오듯, 아프다가도 다시 회복하며 살아갈 수 있을 거야.
  하지만 서글프다. 기워가며 만들어 보는 회복도, 합리화시킨 머릿속의 계절도 다만 생각일 뿐이지 자신이 없다.
  집으로 향하는 발길을 재촉하면서도 자꾸만 뒤돌아보며 가을 물든 벚나무의 잎사귀를 헤아려 본다.

미안하다, 고생했다(2023. 9. 22.)

　마지막 가는 길에 아들의 손바닥에 '미안'이라는 글을 남기고 떠났다는 글을 읽었다. 남의 글을 읽으며 내 가슴이 무너지는 줄 알았다.
　지금 내게는 먼 길 떠나길 원하며 갈 길 재촉하는 남편이 같은 공간에 있다. 이제야 '지금'이라는 순간이 얼마나 소중한가를 깨달았지만, 이미 많은 것을 다시는 만날 수 없는 모습이 되고 말았다. 그건 특별한 것도 아니다. 그냥 웃고, 그냥 밥 먹고, 그냥 투정하고 살던 것이 아름다운 추억이 되고 말았다.

　누워서 일어날 기운도 없는 사람에게 노래방에서 노래 부르는 시간이 다시 오길 바라는 것도, 밥알도 넘기기 힘든 사람에게 고기 구워서 소주 한잔 마시는 걸 보고 싶다는 것도 다 공허한 바람이며 꿈조차도 꿀 수 없는 시간이 되어 버렸다. 그렇다고 그게 오래전에 했던 옛 시간이 아니다. 바로 얼마 전까지만 해도 평범하게, 아무렇지도 않게, 생활 속 일상처럼 지내던 시간의 한 자락이었다.
　다 아름다웠고, 다 지나갔다.

　마늘 반 접을 까고 찧으며 종일 거실에 앉아 생각해 본다.
　마늘 찧는 소리 땜에 tv 소리가 들리지 않는다며 투정해도 난 툴툴거리지 않을 준비가 되어 있는데…. 짜증은커녕 거실까지 걸어 나올 기운도 없는 남편이다. 아니 그것도 사치스러운 주문이다. 남편은 자기 몸이 괴로워 지금 내가 무얼 하고 있는지조차도, 무슨 소리가 나는지조차도 모르는 사람이다.

  그이의 세상은 그저 다 텅 비어 있고,
  그이의 세상은 온통 공기며 먼지가 되었고,
  그 안에서 홀로 침상에 누워 괴로워하고 있는,
  그이의 세계 속 세상살이는 다 '무심'뿐인데….

  대꾸도 없는 남편 방에 왔다 갔다 한다. 뉴스거리며 장터 이야기며 전화 통화 내용 등을 실없이 주절거려 보지만, 그이는 그저 눈을 감은 채 미동도 없다. 가슴이 미어지도록 아프다.

  그런데 오늘 나에겐 또 하나의 가슴 아픈 시간이 있었다.
  속이 너무 니글거린다며 막걸리를 요구했다. 부리나케 편의점으로 달려가서 막걸리 한 병 사 들고 오면서도 신이 났다. 그 막걸리가 이롭건 해롭건 무엇이건 원하는 것이 있다는 것에 그래도 신이 났다. 몇 가지 안주를 함께 상 위에 놓아도 본 척도 않고 소금을 주문한다.

  소금 안주로 막걸리 한잔을 마시며 하는 말.
  "내가 마지막이 온 것 같아"
  가슴이 꽉 막힌다.

  그리고 내 손을 잡으며 다시 하는 말.

"미안하다."
덜컥 겁이 났다.

또 한 번 울먹이며.
"고생했다."
눈물이 이렇게 뜨거운지를 처음 알았다.

우리 둘은 한참을 울었다.
아마도 이별이 멀지 않았나 보다.

살아 있음에 감사(2023. 9. 29.)

주님.
추석을 주셔서 감사하고,
모든 걸 키워 주셔서 감사하고,
그 키워 주신 모두의 열매로 음식을 만들 수 있어서 감사하고,
그로 인해 우리가 살아가게 해 주셔서 감사하고,
이 좋은 때에 우리를 만나게 해 주셔서 감사하고,
우리가 서로를 사랑하게 해 주심에 감사하고,
"……"
아빠를 돌봐 주심에 감사하고,
아빠가 살아 있음에 감사하고,
우리 식구 모두 이렇게 살아 있음에 감사하고,
아빠와 함께 기도드릴 수 있어서 감사하고,
"……"
아멘

추석날 아침 식사 후,
누워 있는 지은 아빠의 침상 옆에 둘러서서 예배를 드릴 때,
지은이가 흐느끼며 하는 감사 기도.
'살아 있음에 감사'라는 아린 기도문에는 지은이도 우리도 모두 울었다.

이 명절이 마지막일 수도 있어 너무도 소중한 예배다.
그렇다. 살아 있음에 감사하고
같은 공간 안에서 숨 쉬고 있어 감사하고,
"물 좀 다오." 하는 짧고 힘없는 목소리를 들을 수 있는 것만으로도 감사하다.
우리 식구 모두는 뜨거운 눈물로 감사 위에 감사를 덧붙이기도 했다. 그렇게 눈물 예배를 드렸다.

추석 상 위에 차려진 밥이며 반찬, 떡, 갈비찜, 부침개, 나물, 과일이 가득한데, 아무것도 먹을 수가 없어서 눌은밥 숭늉 두어 번과 희영이가 끓여 왔다니까 숟가락을 두어 번 담가 본 육개장 국물이 그이의 명절 상이었다.
그 짧은 시간마저 앉아 있기가 힘들어서 일어나 방으로 들어갔다. 그마저도 부축받으면서.
성냥불만큼의 온기, 지금 그이의 몸 상태다.

그래도 우리는 살아 있음에 감사하며 서로를 다독였다.
아이들 모두는, 누워만 있어도 아빠가 계셔서 든든하고 위안이 된다고 했다.
그 시간이 언제까지일지 우리는 아무도 모른다.
저 힘든 몸으로 하나님이 부르시는 시간까지 기다리게 하는 것에도 의미는 분명히 있다고, 남은 식구들의 마음을 더 가깝게 이어 주신다고, 더 끈끈하게 사랑하도록 연단해 주신다고, 그래서 더 단단한 사랑의 반석으로 우리들의 가정을 이끌어 주신다고, 우리 가족 모두는 그렇게 믿으려 한다.
아니 믿고 있다.

견디기 힘들어 매일 죽음을 주문하며 지내는 남편이지만, 그래도 살아 있음에 감사하는 우리들은 더욱더 사랑이 견고해질 것이다.
그이가 남기는 마지막 선물일 것 같다.
'사랑으로 더 단단해지라는….'

벚나무 · 2(2023. 10. 12.)

　한 달 전 만났던 벚나무 앞에 섰다. 햇볕과 바람을 많이 받는 곳에 서 있는 나무다. 가로수 중에도 일찍부터 가을 물이 들기 시작하더니, 오늘 벚나무 전체가 곱게 물들어 있다. 건물에 가려지고 자동차 매연으로 꽉 찬 신호등 주변의 나무는 아직도 초록 초록인데.
　꼭 한 달이 지난 후 이렇게 변해 버린 벚나무. 다시 한 달이 지나면 잎들이 다 내려앉아 빈 가지만 서 있을 테지. 한 달 후의 남편은 어떤 모습일까. 낙엽질 벚나무와 아픈 남편이 겹쳐 온다. 시간을 붙잡고 싶다.
　그이의 행동반경은 이제 없어졌다. 침대 위에서 내려오지도 못하는 사람, 오그라져 단풍잎 같은 손, 그 손의 온기는 성냥불만큼이다. 나는 많은 감정에 흔들리며 그이의 싸늘해진 손 위에 내 얼굴을 얹었다. 참을 수 없는 눈물이 흐르는데도 그이는 그냥 눈을 감고만 있다. 모든 걸 체념한 듯하다.
　아….

길 끝에 서서(2023. 10. 17.)

　삶의 여정에서 끝은 언제나 헤어짐이다. 등산의 정상은 노력만 하면 오를 수 있고 내리막 역시 눈에 보이는 여정이다. 그러나 삶의 마지막이라는 길은, 그 후엔 아무것도 볼 수 없는 '깜깜함' 그뿐이다. 남은 자의 머릿속에 추억이라는 낱말 하나, 그저 스쳐 지나가는 공허한 스크린 한 장면뿐이다.

　지나고 보니, 아무것도 아닌 삶을 위해 우리는 무수한 길을 바쁘게 살아왔다. 헤어진다는 말, 어느 때는 낭만적이고 멋있기도 하던 낱말이 지금 이렇게 고단하고 아프게 다가앉아 있을 줄이야.

　만만치 않은 삶 속에서도 잘 살아왔다. 쉽지 않은 삶 속에서도 굴곡진 길을 더듬으며 이탈하지 않고 노선을 따라다녔다. 한때는 제 맘대로 다니며 뭉쳤다 헤어지는 구름이 부러웠다. 그러나 이것 역시 그 깊이를 몰랐던 생각이었다. 구속은 관심이었고 사랑이었음을….

　신발장 안의 구두며 등산화가 주인을 기다리지만, 이제 다시는 따뜻한 발이 들어갈 수가 없는 신발이 되어 버렸다. 침대에서 내려오지도 못하는데.
　마지막엔 신발이 필요치 않구나. 한 번도 가져본 적 없는 생각이다. 생의 길 끝에서는 누구나 걸을 수가 없으니까 제일 먼저 주인이랑 헤어지는구나.

칠흑 같은 밤은 고요한데(2023. 10. 20.)

몸무게 30kg.
어쩌면 이보다 더 가벼울 수도 있다. 지금은 체중계 위에 서 있을 수도 없는 몸이 되어 있으니. 살아온 모든 일들을 그렇게 한 올씩 빼내고 있는 걸까 혹은 압축시키는 중일까. 아직도 무엇을 더 빼낼 게 있다고 저렇게 힘들여 가며 날숨만을 쉬고 있을까.
 그저 그런 삶을 살아온 사람, 삶의 길 따라 그냥 끌려다녔던 사람, 약한 몸으로 힘없는 발자국을 살그머니 찍으며 살았던 사람, 그러면서도 가족을 위해 열심히 살았던 사람. 55년 동안 내 곁에서 내 손을 잡아 준 사람.
 종일 듣던 베토벤과 차이콥스키 음악이 멎었다. 숨소리도 들리지 않는다. 저러다 호흡이 끊어지는 건 아닐까. 가끔 산소 포화도가 체크 되지 않을 때도 있던데….

 조금 더 버텨 줘, 여보. 아직은 아니야. 우리는 아직 아니야. 종일 한숨 쉬고 눈물 흘리는 것 외엔 아무것도 해 줄 수 없는 내가 밉다.
 칠흑빛 머릿속, 까만 밤의 고요가 두루마리처럼 우리를 둘러싸고, 손을 놓을 것 같은 두려움이 그이와 나를 무겁게 에워싸고 있다.
 두렵다. 두렵다.

마지막 눈물(2023. 10. 21.)

    마른나무 같은 그이 옆에 누웠다. 베게 위에 두 얼굴이 나란하다. 돌아누울 힘도 없는 그이는 이미 목석이다. 옆에 누운 채, 주문해 놓은 환자용 침대에 관한 이야기를 주절거려 보지만 그이는 모든 걸 체념한 듯 미동도 없다.

    맞닿은 얼굴 사이로 그이의 힘없는 눈물이 천천히 내려온다.
"아, 이렇게 마지막이 오는 걸까…."

    나는 그이를 부둥켜안고 한참을 울었다.
그이의 몸 안에 남아 있는 마지막 눈물방울까지.
남김없이 끌어내며
긴 시간을 울고 또 울었다.

    그냥 이렇게라도 좀 더 살아 있으면 좋겠다.
불쌍한 당신….

그대를 보내며(2023. 10. 22.)

"함께 살아온 동행자를 두고 서둘러 떠난 당신의 길. 그 길은 아픔이 없는지요? 힘들었던 세상의 짐을 훌훌 털어 버리고 바람처럼 자유롭게 날아다니겠지요. 그러다 행여 지쳐서 쉬고 싶을 때는 내 마음속에 찾아와 나와 함께 쉬길 바랍니다."

"당신과 함께했던 쉰여섯 해.
나는 참 행복했습니다.

가족이라는 이름으로

ⓒ 김영원 2024

초판 인쇄　2024년 8월 08일
초판 발행　2024년 8월 20일

지 은 이 : **김영원**
삽　　화 : **이지은**

펴 낸 이 : **이자야**
디 자 인 : **오미나**
편　　집 : **미담길**
펴 낸 곳 : **도서출판 미담길**

등　　록 : 2019. 10. 7. 제2019-000058호
주　　소 : 서울시 광진구 아차산로61길20, 401호
전　　화 : 010-4208-1613
E-mail : midamgil@naver.com

값 20,000원

ISBN 979-11-92507-12-5 (03810)

· 도서출판 미담길과 저자의 서면 동의 없는 무단 전재 및 복제를 금합니다.
· 이 책 내용의 전부 또는 일부를 사용하려면 반드시 저작권자와 도서출판 미담길의 서면 동의를 받아야 합니다.
· 잘못된 책은 구입하신 곳에서 바꿔 드립니다.